WESTEND

Sven Plöger sagt seit 1999 in Funk und Fernsehen das Wetter voraus und ist vielen Zuschauern vor allem aus »Wetter im Ersten« vor der Tagesschau und nach den Tagesthemen bekannt. Der studierte Meteorologe hält regelmäßig Vorträge über Wetter und Klima.

Frank Böttcher ist geschäftsführender Gesellschafter des Instituts für Wetter- und Klimakommunikation in Hamburg. Er beliefert zahlreiche Radio- und Fernsehsender mit Wetterprognosen und ist vielen als Wettermoderator u. a. für Klassikradio, Hamburg 1 und Franken Fernsehen bekannt. Er ist Mitgründer von Wetterspiegel.de und Klimabotschafter e. V. sowie Veranstalter des jährlichen ExtremWetterKongresses.

Sven Plöger, Frank Böttcher

Klimafakten

WESTEND

Mehr über unsere Autoren und Bücher:
www.westendverlag.de

Die Deutsche Nationalbibliothek verzeichnet diese Publikation in der Deutschen Nationalbibliografie; detaillierte bibliografische Daten sind im Internet über http://dnb.d-nb.de abrufbar.

CPI
Mehr Bäume.
Weniger CO_2.
www.cpibooks.de/klimaneutral

MIX
Papier aus verantwortungsvollen Quellen
FSC® C083411
FSC
www.fsc.org

ISBN 978-3-86489-048-2

Umschlaggestaltung: Frank Koschembar, gute-kommunikation.com
Satz: Publikations Atelier, Dreieich
Druck und Bindung: CPI – Clausen & Bosse, Leck
Printed in Germany

Inhalt

Einleitung

Kontingenz bedeutet die »prinzipielle Offenheit und Ungewissheit menschlicher Lebenserfahrungen«. Das klingt vielleicht etwas sperrig und lässt sich deshalb auch einfacher beschreiben: »Die einen sagen so, die anderen so.« Und damit sind wir mitten drin im Thema Klimawandel. Die einen sagen, dass der Klimawandel eine Katastrophe ist, die wir Menschen verursachen und unter der wir in Zukunft ganz massiv leiden werden; die anderen sagen, dass der Klimawandel von der Sonne und damit der Natur verursacht wird und all das nichts Besonderes ist. Schließlich hat sich das Klima ja auch schon vor uns Menschen geändert …

Wer nicht gerade Klimawissenschaftler ist – und das trifft ja auf viele von uns zu –, kann von eloquenten Vertretern beider Gruppen sehr überzeugend dargestellt bekommen, dass ihre jeweilige Sicht die richtige ist. Beides gleichzeitig kann aber schwerlich stimmen! Doch was soll man nach einem Winter wie 2012/2013 zum Thema Erderwärmung denken? Ein Schmunzeln wird kaum ausbleiben, wenn man an die lange, schneereiche, kalte und sonnenarme Zeit zurückdenkt. Nicht zwingend fällt einem dann sofort ein, dass das Wetter in einer Region etwas ganz anderes ist als das globale Klima, also das über mindestens 30 Jahre gemittelte Wetter auf dem gesamten Globus. So war 2012/2013 in Deutschland und großen Teilen Europas zwar ein in der Tat sehr eisiger Winter, wenn man sich jedoch die Temperaturen der ganzen Nordhalbkugel anschaut, so war er – für uns sicher verblüffend – zu warm!

Doch weshalb wurde es bei uns eigentlich so kalt? Oft konnten wir erstaunt lesen, dass die Abnahme des Eisschildes am Nordpol für die Verschärfung unseres Winters verantwortlich sei. Wie soll das denn funktionieren? Wie findet man sich überhaupt in der Kakophonie der Experten- und Semiexpertenmeinungen zurecht, ohne am Ende irritiert das Interesse an einem so wichtigen Thema zu verlieren?

Genau hier setzen wir mit diesem Buch an. Wir möchten Ihr Interesse am Thema wiederbeleben beziehungsweise wecken. Wir möchten anhand ausgewählter Inhalte zeigen, dass ein kompliziertes Thema zwar differenziert gesehen werden muss, aber dennoch verständlich bleiben kann und oft hoch spannend ist. Wir machen deutlich, dass es keinen Grund zur Resignation gibt und uns für eine gute Zukunft viele Möglichkeiten offenstehen. Und wir erläutern, dass eine Energiewende – so man sie handwerklich vernünftig durchführt – der richtige Weg ist.

An Seitenzahl, Gewicht und Preis dieses Werkes merken Sie: Dies kann und will kein allumfassendes Klimabuch sein. Vielmehr möchten wir aus den unterschiedlichsten Bereichen rund um das komplexe Kernthema Klimawandel Interessantes anreißen, Geschichten erzählen und hier und da Ungewöhnliches oder Unerwartbares ausgraben. Dabei stehen stets die Fakten im Mittelpunkt und nicht etwa die Interessen der verschiedenen gesellschaftlichen Gruppierungen.

Kurzum: Wir möchten Ihnen mit diesem kleinen Buch einen Wegweiser durch die Stimmenvielfalt zu einem Thema bieten, das uns alle etwas angeht. Und wir möchten gleichzeitig Lust machen auf eine weitergehende Beschäftigung mit den Dingen, die sich in unserer Atmosphäre abspielen. Insbesondere für Lehrer und Schüler bieten wir einen Ansatz, sich dem Klimawandel ideologiefrei zu nähern. Schließlich geht er junge Menschen naturgemäß viel länger und damit intensiver etwas an als die älteren.

Sven Plöger und Frank Böttcher, August 2013

»Weiter so« geht nicht!

Heute leben über sieben Milliarden Menschen auf diesem Planeten. Wir brauchen alle Nahrung, wir brauchen alle Wasser und die meisten von uns trachten zu Recht nach der Verbesserung ihres Lebensstandards. In den 1970er Jahren, als noch vier Milliarden Menschen diesen Planeten bewohnten, wurde bereits klar, dass unser Lebensstil der Umwelt und damit auch der zu ihr gehörenden Atmosphäre schadet und es Maßnahmen zum Gegensteuern braucht. Der Club of Rome war 1972 mit der von ihm in Auftrag gegebenen Studie »Die Grenzen des Wachstums« ein gedanklicher Anfang, die UNO-Konferenz für Umwelt und Entwicklung in Rio de Janeiro 1992 signalisierte 20 Jahre später eine große Aufbruchstimmung in 172 Staaten dieser Welt. Ein Ergebnis dieser Konferenz war die globale Klimarahmenkonvention, die 1997 im Kyoto-Protokoll mündete, in dem erstmals rechtlich verbindliche Ziele für Emissionshöchstmengen für die Industrieländer festgelegt wurden.

Heute ist die damalige Begeisterung verflogen: Die Ziele des Kyoto-Protokolls wurden von vielen Staaten nicht erreicht und eine Nachfolgevereinbarung rückt von Klimakonferenz zu Klimakonferenz in immer weitere Ferne, so dass auch die Medien zunehmend das Interesse an diesen Veranstaltungen verlieren. Erstaunlich dabei: Die Lage hat sich keinesfalls – nicht einmal zufällig – entspannt!

Wir verbrauchen alljährlich die nachwachsenden Ressourcen von 1,4 Erden, haben aber nur eine. Ohne allzu viel mathematisches Wissen lässt sich erkennen, dass ein »Weiter so« beim besten Willen nicht funktionieren kann – allerdings sind wir in Mitteleuropa nicht unbedingt die Ersten, die einen Engpass spüren werden. Zwei der deutlichsten Beispiele für diesen maßlosen Umgang mit unserer Erde: Wir verbrennen jeden Tag weltweit 14 Milliarden Liter kostbares und endliches Erdöl – ein sehr wertvoller Rohstoff, der für sehr viel mehr qualifiziert ist als für seine Verbrennung –, schließlich steckt er in Kunststoffen, in Farben, in Kosmetika und vor allem in Medikamenten. Und wir pusten pro Jahr rund 33 Milliarden Tonnen Kohlendioxid – Tendenz steigend – in die Atmosphäre. Kohlendioxid ist neben anderen Gasen wie Methan oder Lachgas ein Treibhausgas, das die Atmosphäre erwärmt. Durch eine Erwärmung kommt es nicht nur zu einem Abschmelzen von Teilen der Polkappen und von vielen Gletschern sowie zu einem Anstieg des Meeresspiegels, sondern auch zu Veränderungen der atmosphärischen Zirkulation – also der typischen Lage von Hoch- und Tiefdruckgebieten. Die Folge sind Verschiebungen von Niederschlags- und damit Vegetationszonen, von Zugbahnen der Sturmtiefs, Häufungen von Dürren und Hochwasserlagen und – weil wärmere Luft mehr Wasserdampf aufnehmen kann – eine Neigung zu heftigeren Starkregenereignissen.

Kohlendioxid selbst ist allerdings weit davon entfernt, ein sogenannter »Klimakiller« zu sein, denn das Gas benötigen unsere Pflanzen für die Photosynthese, ohne die es auf dieser Welt keinen Sauerstoff gäbe. Nicht das Kohlendioxid stellt also ein Problem dar, sondern unser Umgang damit. Dass das Gas unsichtbar und geruchlos ist, ist dabei nicht gerade von Vorteil. Stellen Sie sich nur einmal vor, wie eine Welt aussähe, in der unsere CO_2-Emissionen aus giftgrünem, stinkendem Qualm bestünden: Wie schnell würden wir weltweite Lösungen finden …

Der Klimawandel ist ein Fakt, wir können ihn messen oder am Eisrückgang in vielen – nicht allen – Regionen dieser Welt durch Satellitenaufnahmen sehen. Klimawandel gab es zwar in der Erdgeschichte immer wieder, alarmierend ist aber die Geschwindigkeit, mit der sich die Erwärmung momentan vollzieht. Die Wissenschaft sagt daher, dass es mit einer Wahrscheinlichkeit von 95 Prozent nahezu sicher ist, dass die Menschheit für die derzeitigen Klimaänderungen mitverantwortlich zeichnet. Gerne wird dieser Satz übrigens zu der Aussage verdreht, dass der Mensch für 95 Prozent der Klimaänderungen verantwortlich sei. Das klingt zwar sehr prägnant, ist aber vor allem falsch. Wie sich der Beitrag von Natur und Mensch anteilig darstellt, darüber lässt sich trefflich diskutieren – in diesem Buch wird auch dieser Frage nachgegangen.

Aber kann der »kleine« Mensch die große Atmosphäre überhaupt in bedeutsamem Ausmaß beeinflussen? Ohne zu viel vorwegnehmen zu wollen: Ja, er kann! Denken Sie nur an das Ozonloch, entstanden durch die von uns erfundenen Fluorchlorkohlenwasserstoffe (FCKW), die es in der Natur gar nicht gibt. Hätten wir uns übrigens damals für Fluorbromkohlenwasserstoffe (FBKW) entschieden, hätten Sie heute gar nicht mehr die Gelegenheit, dieses Buch zu kaufen und zu lesen – wesentliche Lebensgrundlagen hätten wir uns dann nämlich längst weltweit und »aus Versehen« entzogen. Manchmal ist die Atmosphärenverschmutzung aber auch sichtbar: Denken Sie nur an die Bilder des großen Smogs in Peking Anfang 2013. Die Wetterlage war für die Region nicht so ungewöhnlich, aber die Zahl der Menschen, der Autos und der zur Energieerzeugung in der Umgebung der Zwanzigmillionenstadt verbrannten Kohle hat dramatisch zugenommen – wir werden in Zukunft also häufiger solche Berichte hören und sehen.

Doch selbst wenn man eine menschliche Beeinflussung unserer Lufthülle akzeptiert, was die Mehrheit von uns tut, so führt das zu einer anderen wichtigen Frage: Der Klimawandel selbst ist sicher, in welcher Region er sich aber wie zeigt, das ist unsicher!

Genau das zu wissen ist jedoch entscheidend für unser konkretes Handeln! Was sollen wir wo tun und welche Maßnahme wird wann welchen Erfolg haben? Jetzt erreichen wir die Schlüsselstelle, weshalb das Thema Klimawandel weit über die Wissenschaft hinaus extrem kontrovers und emotional diskutiert wird. Wer handeln will, muss nämlich investieren, also zahlen! Egal, ob es sich um Investitionen zur Vermeidung eines zu hohen Kohlendioxidausstoßes, um Trassen für Stromleitungen bei der Energiewende, um Hochwasserschutzmaßnahmen, um ein Wiederaufforstungsprojekt oder anderes handelt:

Kein Investor möchte sein Geld in den Wind schießen und kein Bürger möchte sein Steuergeld zum Fenster rausgeworfen wissen – verständlich! Dazu ein Beispiel: Der Bürgermeister einer großen deutschen Stadt erzählte kürzlich, dass ihm jahrelang ein massiver Müllberg für seine Stadt prognostiziert wurde. Er bereitete sich vor und es wurden riesige Müllverbrennungsanlagen errichtet. Das hat ordentlich Geld verschlungen, doch weil der angekündigte Müllberg ausblieb, muss heute Müll aus der Umgebung eingekauft werden, um die großen Anlagen überhaupt betreiben zu können. Im wahrsten Sinne des Wortes ein Schuss in den Ofen. Wie schützen wir uns also vor großen Fehlinvestitionen?

Der falsche Schluss wäre nun zu sagen: Jede Prognose geht in die Hose! Die Klimaforschung ist eine seriöse Wissenschaft. Sie liefert belastbare Aussagen und ist auch in der Lage, vergangene Entwicklungen richtig wiederzugeben. Nur dürfen wir uns einer Illusion nicht hingeben: Weder haben wir alle Vorgänge im Klima- und Erdsystem verstanden, noch lässt sich die komplizierte Wirklichkeit exakt in einem Computermodell nachbilden. Klimaprojektionen, zumal sehr regionale, haben nun mal ihre Unsicherheiten und müssen entsprechend vorsichtig interpretiert werden. Dabei ergibt sich ein gewisser Interpretationsspielraum, den natürlich jeder nach seiner persönlichen Interessenlage nutzt. So wird ein Ölkonzern eine bestimmte Entwicklung naturgemäß anders beurteilen als eine Umweltorganisation, Deutschland die Welt anders sehen als China, die USA oder eines der vielen Entwicklungsländer Afrikas.

Abgesehen von den technischen Herausforderungen, mit den klimatischen Veränderungen umzugehen, liegt sicher hier unsere größte Aufgabe: Wir müssen eine gemeinsame Sichtweise finden, die nicht einfach der kleinste gemeinsame Nenner ist. Faule Kompromisse und unnachgiebiges Beharren auf der eigenen Denkweise bringen uns nicht weiter. Es wäre auch irrational, bestehende Unsicherheiten über unsere Klimazukunft zum Anlass zu nehmen, die gesamte Klimaforschung im Grundsatz anzuzweifeln. Das würde schließlich die

Konsequenz haben, überhaupt keine Aussage und keine Entscheidung treffen zu können. Wir müssten somit abwarten, was sich tut, und könnten dann nicht mehr agieren, sondern nur noch reagieren. Das nähme uns jeglichen Handlungsspielraum und würde uns dazu verdammen, am Ende mutmaßlich nur noch staunend unerwartete Folgen zu tragen – ein wenig raffinierter Weg.

Was ist also zu tun? Der wesentliche Grund für den anthropogenen Anteil am Klimawandel ist die Verbrennung fossiler Energieträger, die weltweit immer noch rund 80 Prozent unseres Bedarfs decken. Angesichts der Tatsache, dass uns die Sonne mehr als 5000-mal so viel Energie zur Verfügung stellt, wie wir benötigen, wir sie aber weltweit nur zu einem mageren Anteil von weniger als 0,5 Prozent am Energiemix beteiligen, findet sich hier eine längst bekannte Stellschraube. Da der Energiebedarf auf diesem Planeten weiter zunehmen wird, muss er von den Treibhausgasemissionen entkoppelt werden, oder einfacher gesagt: Mehr Energieverbrauch darf nicht zu mehr Emissionen führen. Das schaffen wir nur durch den konsequenten Einsatz von erneuerbarer Energie wie Sonne, Wind, Wasser, Biomasse, Geothermie und vieles andere mehr – eingesetzt nach den Gegebenheiten des jeweiligen Standortes.

Eine weltweite Energiewende wird es wegen der Ressourcenverknappung ohnehin geben, ob wir das nun wollen oder nicht. Der Klimawandel ist aus dieser Perspektive eigentlich nichts weiter als ein freundlicher Hinweis unserer Natur, die uns mitteilt, dass es vernünftig ist, frühzeitig – also jetzt! – mit den notwendigen Maßnahmen zu beginnen. Je erfolgreicher eine Energiewende bei uns und ihre Kopie in anderen Ländern sind, desto stärker lässt sich der Klimawandel dämpfen. Dann müssen weniger Anpassungsmaßnahmen getroffen werden; es kommt dadurch zu weniger Fehlinvestitionen und somit treffen uns mögliche Ungenauigkeiten bei den Klimavorhersagen weniger stark.

In politischen Sonntagsreden wird gebetsmühlenartig wiederholt, dass ein nachhaltigerer, effizienterer und sparsamerer Umgang mit unseren Ressourcen erforderlich ist. Richtig!

Nur gibt es da noch eine Binsenweisheit mit großer Tragweite: Reden ist einfacher als handeln. Um zu handeln, braucht man ein möglichst genaues Wissen, wie die Zukunft aussieht; man muss Menschen überzeugen, dass es geboten ist zu handeln, und ihnen dafür die notwendigen Fakten an die Hand geben; man hat mit Lobby- und Machtinteressen zu kämpfen und zum Schluss natürlich technische und infolgedessen oft auch finanzielle Herausforderungen zu bestehen. Wäre es da nicht viel schöner, alles so zu belassen wie es ist, und lieber nach Erklärungen zu suchen, weshalb der Mensch für den Klimawandel vielleicht ja doch gar nichts kann? Ein allzu menschlicher Ansatz, der oftmals sogar in Vorwürfen über eine Art »Klimareligion« oder über den stattfindenden Aufbau einer Ökodiktatur endet.

All diese mehr oder weniger geschickten Winkelzüge ändern leider nichts an der Realität und sind damit nachfolgenden Generationen gegenüber in höchstem Maße unfair. Denn der Klimawandel ist ein generationenübergreifendes Thema, das uns nicht nur ein paar Monate oder Jahre beschäftigt. Das zu akzeptieren ist in der heutigen schnelllebigen Zeit nicht eben einfach.

Aus unserer Sicht lassen sich ein paar Voraussetzungen verbessern, um schneller zum Ziel einer besseren Klimazukunft für uns alle zu gelangen. Eine nicht zu unterschätzende Rolle spielt die emotionale Ebene. Zur Zeit fehlt eine Art »Ikone der Energiewende«, also eine Person, die für das Thema steht; eine Person, die uns motiviert, die Lust macht auf Veränderung, die schon erreichte Erfolge sichtbar macht und die überzeugend darstellt, dass wir am Ende – leider nicht am Anfang – Kosten sparen.

Im Bereich der Wissenschaft gilt es, einerseits weiterhin das Verständnis der Zusammenhänge im Erdsystem zu verbessern und die Klimamodelle noch aussagekräftiger zu machen, andererseits aber auch die Kommunikation »nach außen« zu verbessern. Verstehen die Bürger, die Politiker und die Journalisten die Zusammenhänge besser, dann reduzieren sich Zweifel auf ein gesundes Maß und es ist dann nicht jede Aussage von wem auch immer dazu geeignet, gleich unser komplettes Weltbild des Klimasystems ins Wanken zu bringen. Bestehende Unsicherheiten offen zu benennen würde sicherlich Vertrauen schaffen, eine Verschleierungstaktik – wie immer – eher das Gegenteil bewirken.

Im Journalismus ist es wichtig, von der Übertreibung wegzukommen. Zum einen geht es am eigenen sachlichen Anspruch vorbei, zum anderen muss man dann die »Übertreibungsdosis« mit der Zeit zwangsweise immer weiter erhöhen – und doch lässt die Wirkung mehr und mehr nach, das »Verkaufsargument« verliert an Bedeutung.

Wir Bürger sollten begreifen, dass wir ein Teil des Ganzen sind. Trotz vielfach bestehender Gelegenheiten, sich für das Thema zu engagieren, bleiben wir oft passiv. So findet sich bei Bürgerforen, die die Themen Energie und Klimaschutz vor Ort behandeln und die von den Kommunen gar nicht so selten angeboten werden, meist nur eine Handvoll Interessenten ein. Das ist bedauerlich, denn eine Erwartungshaltung, dass da schon irgendjemand kommt und die eigene Welt besser und billiger macht, ist eigentlich unbegründet. Und erst im Nachgang von Entscheidungen eifrig Kritik zu üben ist kein guter Stil.

Last but not least die Politik: Ihre Aufgabe ist es, die Rahmenbedingungen abzustecken und durchzusetzen; ihre Aufgabe ist es auch, Lobbyinteressen und das Gemeinwohl in vernünftiger Form in Einklang zu bringen. Zudem muss sie auf internationalem Terrain tätig sein. Wenn die weltweiten großen Klima- und Umweltkonferenzen nicht einfach sang- und klanglos untergehen sollen, dann müssen ernsthafte Kompromissvorschläge eingebracht werden. Um echte Kompromisse zwischen Industrie- und Ankerländern zu ermöglichen, sollte vor allem diese Prämisse gelten: Die Länder, die zuerst mit der Emission von Treibhausgasen in die Atmosphäre begonnen haben, sollten auch als Erste damit aufhören. So kann man ein deutliches Signal setzen.

Ganz grundsätzlich könnte man sich an diesen Satz halten: In einer Welt, die wir gemeinsam für uns alle sauber halten wollen, darf es nicht sein, dass der, der sie verschmutzt, am meisten Geld verdienen kann. Solange das möglich ist, stimmen schlicht die Rahmenbedingungen nicht. Derzeit laufen wir außerdem Gefahr, dass aus einer gewissen Hilflosigkeit heraus folgendes Muster immer häufiger Anwendung findet: Wir neigen zunehmend dazu, selbst gesetzte Ziele zu verfehlen – das beschränkt sich nicht auf die Klimapolitik, denken Sie nur an die Finanzpolitik. Es ist aber keine Lösung, als Antwort darauf immer anspruchsvollere Ziele in eine immer fernere Zukunft zu verlagern. Wenn wir heute keine verbindliche Einigung hinbekommen, die CO_2-Emissionen innerhalb von 15 Jahren um fünf Prozent zu senken, ist es nicht sonderlich wahrscheinlich, dass wir 2050 eine Hürde von 80 Prozent nehmen.

Noch einmal: Eine Energiewende wird es ganz sicher geben. Sie zu gestalten ist unsere gesellschaftliche Herausforderung. Deutschland hat sich entschieden, ein Industrieland mit Vorreiterrolle zu sein. Wir sollten anderen zeigen, dass es gehen kann und dass man damit am Ende ordentlich Geld sparen kann, auch wenn es am Anfang etwas kostet. Denn knapper werdende und immer begehrtere fossile Energieträger werden ganz sicher nicht preisstabil oder gar billiger werden. Wenn alle mitziehen, können sich manche Dinge überraschend schnell und erfolgreich wenden. Denken Sie nur an den Fall der Mauer von 1989 zurück. Viele Menschen haben sich damals an den Protesten gegen das SED-Regime beteiligt. Jedem war klar, dass es auf seinen Beitrag ankommt. Und am Ende wurde plötzlich etwas erreicht, das noch zwei Jahre zuvor für vollkommen undenkbar galt. Das wäre doch ein schöner Satz, den man im Nachgang gerne zur Energiewende sagen würde!

Wetter und Klima – warum nicht jeder Orkan den Klimawandel bedeutet

Wetter ist jetzt und hier, Klima ist immer und überall. So kann man diese beiden Begriffe wohl am leichtesten unterscheiden. Wetter ist also der Zustand der Atmosphäre zu einem bestimmten Zeitpunkt an einem bestimmten Ort, Klima dessen Mittelwert, meist an vielen Orten gleichzeitig. Wetter können wir folglich unmittelbar mit unseren Sinnesorganen fühlen. Wer bei einer Wanderung pitschnass wird, den stört das Wetter, nicht das Klima in der Region. Denn Klima ist Statistik und dafür haben wir keine passenden Sinnesorgane.

In unserem Alltag werfen wir beides gerne durcheinander, denn Wetter weckt unsere Emotionen, Klima als solches nicht. Wir merken schließlich unmittelbar, ob wir gerade frieren, schwitzen, nass werden oder ein Unwetter erleben, und wir erinnern uns gut an vergangenes Wetter, zumindest an besondere Ereignisse. So sind vielen von uns etwa die Stürme Vivian und Wibke aus dem Winter 1990 immer noch sehr geläufig, obwohl sie nun schon mehr als 20 Jahre zurückliegen. Dass es hingegen global in den letzten 100 Jahren um 0,8 Grad Celsius wärmer geworden ist, kann kein Mensch spüren. Und so verbinden wir mit Klimazahlen aller Art auch keinerlei direkte Emotionen. Weil Klima so fern von unserer Alltagswirklichkeit ist und Wetter so nah, sprechen wir oft auch dann über Wetterereignisse, wenn wir eigentlich über das Klima reden möchten. So leitet uns das Stichwort Klimawandel sehr häufig auf direktem Wege zu der Frage, ob es bei uns in Zukunft mehr Unwetter geben wird. So verständlich diese Frage ist, so sehr muss darauf hingewiesen werden, dass Wetterveränderungen (siehe das Kapitel »Extremwetter«) nur eine von vielen Folgen der globalen Erwärmung sind.

Weil wir sie persönlich erleben und nicht selten beeindruckt sind von den Kräften der Natur – seien es Stürme wie Lothar oder Kyrill bei uns, Katrina oder Sandy in den USA, Kaltlufteinbrüche wie im Mai 2013, Hitzeperioden wie 2003 oder 2006 oder Hochwasserlagen wie 2002 und Anfang Juni 2013 –, hören wir in diesen Fällen monoton wiederkehrend und begleitet von einer gewissen medialen Aufgeregtheit die Frage: Ist das nun der Klimawandel oder sind das zumindest seine Vorboten? Die richtige Antwort ist stets: möglicherweise, aber nicht nachweisbar! Denn Unwetter gab es immer schon und wir können nie konkret sagen, ob für das eine extreme Wetterereignis die globale Erwärmung verantwortlich ist und das andere sowieso gekommen wäre. Das gilt übrigens für beide Richtungen: An einem Einzelereignis lässt sich weder bewiesen, dass der Klimawandel existiert, noch dass er nicht existiert. Ein extrem kalter Januar bedeutet also nicht, dass der Klimawandel jetzt ein Ende hat, und eine gewaltige Überschwemmung im Juni bedeutet nicht, dass der Klimawandel jetzt da ist. Was man aber sagen kann: Eine wärmere Atmosphäre enthält über einen höheren Wasserdampfgehalt mehr Energie als eine kühlere Luftmasse und somit auch ein größeres Unwetterpotenzial. Was extreme Wetterereignisse sind, erfahren Sie im Kapitel »Extremwetter«.

Klima ist die Mittlung des Wetters über einen Zeitraum von 30 Jahren. 30 Jahre sind lange genug, um nach den Regeln der Statistik vernünftige Trendaussagen machen zu können, und sie entsprechen gut der Länge einer menschlichen Generation. Das ist wichtig, denn eine solche statistische Größe muss auch einen Bezug zu unserem Dasein haben. Betrachten wir über 30 Jahre jeweils nur einen Ort, so können wir beispielsweise das Klima in Oslo, Tokyo oder Hamburg ermitteln, nehmen wir eine Region, so lässt sich etwa eine Aussage über das Klima in Deutschland, Europa oder Brasilien machen, und wählen wir als Region den ganzen Globus aus, dann haben wir eine Aussage zum globalen Klima gemacht.

Möchte man direkte Einflüsse des Klimawandels betrachten, dann schaut man sich zum Beispiel den Eisrückgang in der

Arktis oder weltweit vieler Gletscher an; man misst den Temperaturanstieg der Atmosphäre und des Ozeans über viele Jahre; man stellt fest, dass Letzterer durch den Eintrag von Kohlendioxid saurer wird oder dass die Permafrostböden in weiten Teilen Sibiriens oder Kanadas auftauen; man versucht herauszufinden, ob sich die Zugbahnen der Stürme verändern; man studiert die mögliche Verlagerung von Niederschlags- und damit Vegetationszonen und vieles andere mehr.

Eine dieser Fragen, wenn auch nicht die zentrale, ist, ob sich Unwetter auf unserem Planeten gehäuft haben. So einfach die Frage klingt, so schwer ist sie zu beantworten. »Gefühlt« zugenommen haben sie wohl für die meisten von uns, aber das ist natürlich keine objektive Beurteilung. Will man Klimaveränderungen betrachten, dann braucht man große Datensätze über lange Zeiträume, die man auswerten muss. Erstens, weil wir ja immer nur an einem Ort gleichzeitig sein können, und zweitens, weil unsere Erinnerung viele Wettererlebnisse verfälscht. So erscheint uns das aktuelle Unwetter immer als das Schlimmste und so verklärt sich auch die Vergangenheit: Viele Großeltern berichten ihren Enkeln davon, dass zu ihrer Kindheit an Weihnachten immer Schnee lag. Sie können sich an ein schneereiches Kindheitserlebnis erinnern mit einer Schlittenfahrt und einer tollen Schneeballschlacht. Damals waren sie ein klassischer »laufender Meter« und wenn es dann 20 Zentimeter Neuschnee gab, dann standen Oma oder Opa zu einem Fünftel drin! Daran erinnert man sich – während ein Sprühregentag mit 6,3 Grad nach 80 Jahren schon mal verlorengehen kann.

Ebenfalls verfälscht wird unser Unwettergefühl durch die heutige reichhaltige und oft wiederholte Information der Medien über Unwetter und ähnliche Katastrophen aus jedem Winkel dieser Erde. Und zuletzt darf nicht vergessen werden, dass es beim Auftreten von Unwettern eine gewisse natürliche Schwankungsbreite von Jahr zu Jahr gibt, die uns bei einem kurzfristigen Anstieg schnell einen Trend suggeriert.

Viele der vorhandenen Daten zu Unwettern werden heute von Versicherungen oder Rückversicherungen gewonnen. Betrachtet man dabei nur die Schadenssummen, ist es wenig verwunderlich, dass eine Zunahme stattgefunden hat, denn die Wertschöpfung ist in den vergangenen Jahren ja deutlich gewachsen. Das gleiche Unwetter am gleichen Ort hätte 1963 ziemlich sicher einen geringeren Schaden verursacht als 2013. Auch leben wir heute oft in gefährdeten Regionen, in denen früher kaum Menschen wohnten. So siedelten in Florida 1910 rund 753 000 Menschen. Hundert Jahre später waren es 18,8 Millionen Menschen. Ein Hurrikan, der heute über den US-Bundesstaat hinweg zieht, hat schon von daher ein deutlich höheres Schadenspotenzial. Moderne Verfahren ermöglichen es aber, solche Effekte weitreichend herauszurechnen und so zu der Aussage zu gelangen, dass wir es teilweise mit einer Unwetterzunahme zu tun haben. Weshalb teilweise? Weil es sich für die verschiedenen Wetterelemente in verschiedenen Regionen ganz unterschiedlich verhalten kann (mehr dazu im Kapitel »Extremwetter«).

Auf jeden Fall können wir festhalten: Wetter ist nicht Klima und ein Unwetter ist nicht der Klimawandel. Wetter unterliegt in unseren Breiten einer riesengroßen Variabilität. Seine Schwankungen sind der Normalzustand, und dazu gehört eben auch extrem warmes, kaltes, windiges, nasses oder trockenes Wetter. Wir können das Wetter zwar mitteln, aber das Ergebnis ist kein »Normalwetter«. Wenn die durchschnittliche Höchsttemperatur im Mai 19 Grad beträgt, dann ist es kein Widerspruch, dass wir mal Tage mit weniger als zehn und mal solche mit mehr als 30 Grad erleben. Das ist Wetter und das wird immer so bleiben! Häufen sich jedoch die heißen Tage in Zukunft deutlich, und darauf deuten die Klimaprojektionen wie auch aktuelle Beobachtungen hin, dann ist das eine Klimaaussage, ein Trend also.

Weil Wetter nicht Klima ist, sind natürlich auch Wettervorhersagemodelle und Klimaprojektionsmodelle etwas Verschiedenes. Der oft süffisant vorgebrachte Hinweis, dass man das Klima in 100 Jahren doch nicht vorhersagen könne, wenn man noch nicht mal weiß, wie das Wetter in zehn Tagen wird, ist zwar lustig, aber inhaltlich völlig unsinnig. Im einen Fall wird nämlich konkret die Verlagerung von Hochs und Tiefs berechnet, im anderen Fall in vielen verschiedenen Szenarien abhängig von äußeren Bedingungen wie etwa zukünftiger Schadstoffemissionen die Veränderung der mittleren Lage von Hochs und Tiefs über einen langen Zeitraum (siehe das folgende Kapitel »Komplexe Klimamodelle«). Der Unterschied ist so ähnlich wie der von Fußball und Handball. Beides sind Ballspiele – aber pfeifen Sie mal ein Handballspiel nach Fußballregeln …

Komplexe Klimamodelle – wie verlässlich können sie in die Zukunft schauen?

Eine große Halle in hellem Licht. Reihenweise stehen dort zwei Meter hohe Schränke mit Glastüren, in denen Unmengen kleiner schwarzer Kästen hängen. Eine kaum überschaubare Zahl von Kabeln verbindet Rechner, die mit kleinen bunten Leuchtdioden harte Rechenarbeit signalisieren. Daneben ragen mehrere Meter hohe regalartige Wände empor, zwischen denen gabelstaplerähnliche Roboter schwarze Kästen von der einen zur anderen Stelle transportieren. In Rechenzentren wie diesem wird das Klima der kommenden Jahrzehnte berechnet. Diese gewaltigen Rechner, die zu den größten und schnellsten weltweit gehören, stehen in vielen großen Forschungseinrichtungen – auch in Hamburg. Hier arbeiten die Wissenschaftler des KlimaCampus, die zusammen mit deutschen Klimaforschern an anderen Einrichtungen zu den besten der Welt gehören und deren Arbeit international einen sehr guten Ruf genießt. Und doch beginnt die Arbeit auch hier mit der tiefen Einsicht: Kein Klimamodell ist perfekt oder gar fertig entwickelt. Das bedeutet aber nicht, dass sie uns nicht wichtige Hinweise liefern können, wie unsere Zukunft aussehen könnte.

Klimamodelle bilden unser gesamtes Erdsystem nach. Sie nutzen die bekannten physikalischen Gesetze. Hierzu zählen die drei Bewegungsgleichungen für die Fortbewegung in der dreidimensionalen Atmosphäre, die thermische Zustandsgleichung idealer Gase, der erste Hauptsatz der Thermodynamik und die Kontinuitäts- oder Massenerhaltungsgleichung. Es gibt Atmosphärenmodelle ebenso wie Modelle der Kryosphäre (Eisschicht), der Ozeane, der Biosphäre (Vegetationsschicht) und der Geosphäre (Erdboden). All diese Modelle werden bestmöglich miteinander verbunden, ihre Wechselwirkungen werden nachgestellt und mit Messdaten und Laboruntersuchungen überprüft. Klimamodelle schreiben dabei nicht einfach den Trend der Vergangenheit fort, sondern sie berechnen die Entwicklung der atmosphärischen Zustände dynamisch. Es gibt festgelegte Zeitschritte (zum Beispiel alle sechs Stunden), eine Unmenge an Variablen (zum Beispiel Temperatur, Feuchtegehalt und Luftdruck, aber auch Kohlendioxid), eine bestimmte Anzahl Luftschichten und eine festgelegte regionale Auflösung.

Die Erde wird also in einer Art Gitter aufgeteilt. Je höher die Auflösung, die Zahl der Schichten und die zeitliche Taktung, umso genauer werden die Berechnungen, aber umso länger dauert auch die Berechnung. Mit gewaltigen Formeln werden »Luftpakete« durch die Atmosphäre bewegt, die ihre Eigenschaften in jedem Schritt ändern und die mit den umliegenden Luftpaketen in Wechselwirkung stehen. Module, die den Ozean beschreiben, lassen »Wasserpakete« auf- und absteigen. An bestimmten Stellen bilden die Formeln im Klimamodell auch die Wechselwirkung zwischen Ozean und Atmosphäre nach, ebenso werden Wechselwirkungen zwischen Atmosphäre und Erdoberfläche berechnet. Lange Trockenphasen haben so Einfluss auf die Vegetation, hohe Temperaturen lassen im Modell die Eismassen der Arktis und Grönlands weiter schmelzen. Das Chaos, welches dem Wettersystem innewohnt, steckt ebenfalls als Element des Zufalls in den Formeln. Man ahnt die unglaubliche Komplexität dieser Modelle und versteht, warum an einzelnen Modulen ganze Gruppen von Forschern arbeiten.

Starten wir das Klimamodell an einem Tag unserer Wahl. Den beginnenden Rechendurchgang bezeichnet man als »Lauf«, von denen sehr viele nötig sind, um Aussagen über das zukünftige Klima zu bekommen. Wird das Klimamodell gestartet, dann entwickelt das System nach einigen Zeitschritten ein »Eigenleben«. Tiefdruckgebiete entstehen und vergehen, Hochdruckgebiete ziehen über Mitteleuropa hinweg nach Asien und lösen sich wieder auf. Theoretisch und auch praktisch könnte man sich anschauen, welches Wetter dieser Lauf für den 16. November 2082 um 12 Uhr mittags berechnet. Diese kleine Datenscheibe wäre allerding ohne größere Aussagekraft. Es ist nicht davon auszugehen, dass genau dieses Wetter an diesem Tag eintritt. Interessant ist für die Klimaforschung vielmehr die Entwicklung der Mittelwerte, die Veränderung in der Häufigkeit von Wetterlagen und in der Verteilung von Extremwerten. Auch wenn jeder Lauf für jeden Tag der Berechnung unterschiedliches Wetter liefert, so lassen sich durch den Vergleich der Mittelwerte über einen langen Zeitraum Aussagen über mögliche Trends machen.

Bei einigen Werten sind in den Modellen Änderungen zu sehen, bei anderen weniger. Während die Läufe für Mitteleuropa einen signifikanten Temperaturanstieg erwarten lassen, gibt es Bereiche, bei denen die Klimamodelle Aussagen ohne eindeutigen Trend liefern. Ein Beispiel: Im Rahmen des KLIMAX-Projektes wurden mit einem regionalen Klimamodell die zukünftigen Windstärken auf Nord- und Ostsee analysiert. Von zehn Läufen zeigten zwei einen leichten Trend hin zu stärkeren Winden. Die mittlere Zunahme der Winde aller Läufe lag aber bei nur 0,2 Metern pro Sekunde und damit weit unterhalb der natürlichen jährlichen Schwankung von fünf Metern pro Sekunde. So ein Signal wird als »nicht robust« bezeichnet. Das bedeutet, dass davon auszugehen ist, dass die Winde auf Nord- und Ostsee – die im Mittel übrigens fast die gleiche Stärke ausweisen – bis zum Ende des Jahrhunderts mit großer Wahrscheinlichkeit gleich bleiben.

Die Interpretation einer solchen Zahl wirkt leicht, doch Klimamodelle haben es in sich. Ändert sich ein Mittelwert nicht, bedeutet das nicht automatisch, dass es nicht mehr extreme Ereignisse gibt. Die Kombination aus einer Zunahme von windschwachen Hochdrucklagen und der gleichzeitigen Zunahme schwerer Stürme würde die Mittelwerte ebenso wenig verändern wie ein Wegfall der Extreme zugunsten gleichmäßig anhaltender Winde auf mittlerem Niveau. Die Betrachtung einer einzigen Information führt also nicht zwangsläufig zu einem sicheren Ergebnis. Die Auswertung zeigt jedoch in diesem Fall, dass auch die Zahl der Sturmereignisse sich nicht signifikant ändert.

Lässt man Klimamodelle in einem stabilen Klimasystem Berechnungen durchführen, also ohne dass man mit der Zeit Randbedingungen wie den CO_2-Gehalt in der Atmosphäre erhöht, dann ergibt sich eine sogenannte »natürliche Variabilität«. Das ist der Bereich, in dem die Einzelereignisse um den Mittelwert »herumtanzen«, wie die oben erwähnten fünf Meter pro Sekunde bei der Windstärke. Unser Klima produziert auf natürliche Weise aus dem ihm eigenen Chaos heraus eine unglaubliche Vielzahl an Einzelereignissen, die mal besonders warm oder kalt, nass oder trocken, stürmisch oder windschwach oder auch schlichtweg normal ausfallen. In einem stabilen Klimasystem zeigen die Modelle diese Variabilität, aber in der Regel keinen langfristigen Trend hin zu einer globalen Erwärmung. Dazu bedarf es äußerer Faktoren. Professor Marotzke hat mit seiner Gruppe am Max-Planck-Institut in Hamburg beispielweise die Sonne vollständig »abgestellt«, um experimentell herauszufinden, wie sich das Klima der Erde dann verhalten würde. Das Klimamodell kam daraufhin zu dem Ergebnis, dass sich die Erde in einen Eisball verwandeln würde, der nach anschließendem »Anschalten« der Sonne aber nicht wieder auftauen würde. Nur gut, dass man die Sonne nicht wirklich abschalten kann. Man kann also Klimamodellen Impulse geben, die äußeren Einflüssen auf das Klimasystem entsprechen. Nicht nur zur Sonnenintensität kann man auf diese Weise Gedankenspiele vollführen (siehe das Kapitel »Träger Temperaturanstieg«).

Es ist auch möglich, einem Klimamodell Veränderungen bestimmter Variablen als Randwerte mit auf den Weg zu geben – etwa Schwankungen oder Entwicklungen des CO_2-Gehalts oder der Solarkonstanten. Darin unterscheiden sich Klimamodelle von Wettermodellen. Wettervorhersagemodelle sollen auf Basis der aktuellen Wetterdaten und ohne weiteres Zutun die Entwicklung der kommenden Tage vorausberechnen. Die Ergebnisse der Prognosen werden dabei umso besser, je genauer der Anfangszustand bekannt ist. Bei einem Klimamodell spielen mögliche Anfangsfehler hingegen keine Rolle, sie mitteln sich über die lange Zeit einfach heraus. Während Wettervorhersagemodelle also das Ziel haben, den konkreten Wetterzustand vorauszusagen, geht es bei Klimamodellen darum, ein System mit all seinen natürlichen Schwankungen über einen langen Zeitraum zu beobachten und mit Hilfe der erwähnten Randwerte die Wirkung von Einflüssen auf das Gesamtsystem zu verstehen.

Wettermodelle sind zudem durchweg nicht-hydrostatisch, das heißt, Luftpakete werden auch vertikal bewegt. Nur so lassen sich lokale Effekte wie Gewitterwolken abbilden. Die verwendeten Approximationen (das Maß der Näherungen an die tatsächliche Auflösung) und die Parametrisierungen (vorgegebene Abschätzungen kleinteiliger Effekte) sind bei Wettervorhersagemodellen anders, da sie durch ihre hohe Auflösung beispielsweise Wolken bis hin zu kleinen Konvektionen direkt berechnen können. In vielen globalen Klimamodellen sind kleinere Wolken hingegen nur parametrisiert vorhanden. Für eine genaue Berechnung von einzelnen Wolken, Schauern oder kleinräumigen Aufwinden sind sie ja auch nicht ausgelegt, das entscheidende Ziel von Klimamodellen ist es ja vielmehr, etwas über zukünftige Veränderungen zu erfahren.

Die neue Generation von Klimamodellen arbeitet nun jedoch ebenfalls nicht-hydrostatisch. Mit dem vom Deutschen Wetterdienst und dem Max-Planck-Institut für Meteorologie in Hamburg entwickelten Modell namens ICON (ICOsahedral Nonhydrostatic) verschmelzen nun Wettervorhersagemodelle und Klimamodelle, um die Genauigkeit zu verbessern und die physikalischen Prozesse verlässlicher zu beschreiben.

Wissenschaftler können den Klimamodellen über die Randwerte vorgeben, wie sich beispielsweise der CO_2-Gehalt in der Luft in den kommenden Jahrzehnten verändern wird. Damit sind Klimamodelle eine Art »Wenn-dann-Maschine«, die Szenarien berechnen kann, die sich an möglichen zukünftigen Einflüssen (durch uns Menschen) auf das Klima orientieren. Im sogenannten A1-Szenario wird den Modellen ein nur langsamer Anstieg von CO_2 und anderer Treibhausgase mit auf den Rechenweg gegeben. Das Ergebnis: Die Modellrechnungen lassen die globalen Mitteltemperaturen nur langsam steigen. Im A2-Szenario nehmen die Forscher einen starken Anstieg der Treibhausgasentwicklung an. In diesen Fällen produzieren die Modellläufe fast durchweg einen massiven Anstieg der globalen Mitteltemperatur bis zum Ende des Jahrhunderts von bis zu sechs Grad. Das häufig zitierte A1B-Szenario wiederum geht davon aus, dass die Weltwirtschaft nicht ungebremst weiter wächst und es beispielweise auf Basis von internationalen Vereinbarungen zu einer Reduktion der globalen Emissionen kommt. Die Modelle für den vierten IPCC-Bericht von 2007 ließen unter diesen Eckpunkten eine globale Erwärmung von etwa zwei Grad bis zum Ende des Jahrhunderts erwarten.

Klimamodelle sind aufgrund der Komplexität mitnichten perfekt und schon gar nicht am Ende der Entwicklung angekommen. Dies wurde im vierten IPCC-Bericht besonders bei den Berechnungen der arktischen Eismengen deutlich. Die Beobachtungen der letzten Jahre (siehe das Kapitel »Arktis«) zeigen, dass die Modelle die Geschwindigkeit des Abschmelzens deutlich unterschätzt haben. Kein einziger der Modellläufe hatte diesen rapiden Rückgang erwartet, den wir heute erleben. Daraus zog man die Lehre, dass die Rückkopplungsprozesse zwischen Eis, Luft und Ozean in den Modellen noch verbessert werden müssen. Die Entwicklung und vor allem Weiterentwicklung von Klimamodellen ist ein stetiger Prozess – auf diese Weise werden sie aber auch immer besser. So wird heute beispielsweise intensiv an der Verbesserung der Wolkendarstellung in den Modellen gearbeitet, ebenso an der Wechselwirkung der verschiedenen Luftpakete und an den Schnittstellen, die sich zwischen Land- und Wasseroberfläche ergeben.

Es gibt aber auch Ereignisse, die Einfluss auf das Klima haben und die kein Modell aus eigenem Antrieb mit berücksichtigen kann: sogenannte »White Cards«. Hierzu zählen große Vulkanausbrüche ebenso wie Wirtschaftskrisen. Weder können die Modelle solche Ereignisse vorhersagen noch ist es sinnvoll, sie prophylaktisch in die Rechnungen einzustreuen.

Für die Berechnung des zukünftigen Klimas werden nur Modelle herangezogen, die die Klimaentwicklung der Vergangenheit plausibel abbilden. Da hat sich im Laufe der Jahre viel getan, es sind immer mehr und immer bessere Module dazugekommen. Die Prozesse der Atmosphäre sind physikalisch mittlerweile im Wesentlichen verstanden. Man weiß heute etwa sehr genau, wie viel Wärme frei wird, wenn ein Luftpaket kondensiert, oder wie viel Sonnenstrahlung von einer Schneefläche reflektiert und welcher Anteil in Wärme umgewandelt wird. Bei älteren Modellen erfolgte die Wechselwirkung zwischen Ozean und Atmosphäre nur in Zeitschritten von 24 Stunden. Gerade die Kopplung von Luft und Wasser ist inzwischen erheblich verbessert worden, was die Qualität der Modelle weiter vorangebracht hat.

Aber auch heute gibt es immer noch Bereiche, die nicht vollständig verstanden und daher in den Modellen idealisiert eingebunden sind. Über die gewaltigen Wassermassen der Ozeane, vor allem über das Tiefenwasser, gibt es beispielsweise viel weniger Analysedaten, als man es sich wünschen würde. In den Ozeanen könnte auch der Grund verborgen sein, warum die globale Temperatur seit etwa 2003 stagniert (siehe das Kapitel »Träger Temperaturanstieg«). Aber auch die Frage, bei welchen Temperaturen große Flächen von methanhaltenden Permafrostböden wie schnell auftauen und das Methan als zusätzliches Treibhausgas freisetzen, gilt es noch genauer zu beantworten.

Auf den Monitoren der Hamburger Klimaforscher kreist derweil eine Erde, auf der die mittlere Temperaturentwicklung des A1B-Szenarios aller Läufe zu sehen ist. Es sieht bunt und immer rötlicher aus. Die Animation zeigt, wie das Modell zu dem Ergebnis kommt, dass die Temperaturen global deutlich ansteigen und die regionalen Unterschiede sehr groß sind. Eine kleine Animation, die mit viel Aufwand in einem großen weißen Raum in vielen schwarzen Kästen entstanden ist und die uns einen beachtenswerten Hinweis darauf gibt, wie sich das Klima auf der Erde weiterentwickeln wird, wenn wir so weitermachen wie bisher.

Allmende – wenn Gemeingüter nicht mehr für alle da sind

Gibt es wohl jemanden, der dem Satz widersprechen würde, dass wir diese Welt zu unser aller Vorteil sauber halten sollten? Unwahrscheinlich. Wir unterstreichen wohl alle die Absicht, so wenig Treibhausgase wie möglich in die Atmosphäre entlassen und ebenso so wenig Ressourcen wie möglich verbrauchen zu wollen – auch wenn »So wenig wie möglich« allein aufgrund unserer Vielzahl (siehe das Kapitel »›Weiter so‹ geht nicht«) immer »Sehr viel« bleiben wird. Und nahezu jeder von uns würde wohl auch dafür plädieren, die zur Verfügung stehenden Ressourcen fair zu verteilen. So weit die gut klingende Theorie.

In der Praxis jedoch kommt es zu einem ganz anderen Verhaltensmuster bei uns, das nach Garrett Hardin als »Tragik der Allmende« bezeichnet wird und das ein echtes Dilemma ist. Mit dem Begriff Allmende fassen wir hier jene Güter zusammen, die uns allen zur Verfügung stehen und die wir gemeinsam nutzen können. Das schließt neben Luft, Wasser oder Wald auch die fossilen Rohstoffe mit ein. Verknappen sich nun diese Ressourcen, so greift ein allzu menschlicher Mechanismus und wir fallen in derartige Denkmuster: Sollte ich mir überlegen, Ressourcen zu schonen, wird es ziemlich sicher passieren, dass ein skrupelloserer Nachbar oder ein skrupelloseres Nachbarland seinerseits auf die durch mich eingesparten Ressourcen zugreift und sich somit mir gegenüber Vorteile verschafft. Übrigens nicht nur durch den Zugriff selbst, sondern auch durch Vorteile bei der Preisentwicklung: Weil ich selbst an der Ressource gespart habe, wird in der Summe vorübergehend weniger verbraucht, weshalb der Preis für einige Zeit weniger stark steigt oder sogar sinkt. Dreist gewinnt – und das auch noch doppelt!

Also liegt es für viele sehr nahe, mit dem Argument »Erst ich und dann die anderen« selbst zuzugreifen, so lange der Vorrat reicht. Und damit das Problem für alle – mich eingeschlossen – zu verschärfen.

Aus diesem Dilemma kommt man schwerlich heraus. Eine technische Lösung gibt es nicht, und dass wir alle in friedvoller Gemeinsamkeit großen Gutmenschentums diese Denkweise überwinden, scheint unwahrscheinlich. Deswegen ist ein anderer Weg realistischer: Man muss sich frühzeitig den unerschöpflichen Ressourcen zuwenden, zum Beispiel Sonne, Wind, Wasser oder Geothermie. Sie sind aus unserer Perspektive unbegrenzt vorhanden. Kehrt man der fossilen Energie in angemessener Weise den Rücken, sprich: schafft man einen im Tempo vernünftigen und nicht überhasteten Übergang vom einen zum anderen Energieträger, dann weicht man dem oben beschriebenen Dilemma aus. Man erspart sich die am Ende stark steigenden Kosten für das sich verknappende Gut; man verhindert es, Firmen und Länder zu unterstützen, die mit der Ressourcenverknappung viel Geld verdienen wollen; und man geht außerdem auch möglichen Streitigkeiten um die verbleibenden Reste aus dem Weg.

Und zu guter Letzt: Wenn ohnehin alle ihre Energieversorgung transformieren müssen, dann ist man derjenige, der mit bestehenden Konzepten und großer Erfahrung andere unterstützen kann. Eine gute Geschäftsidee, um anfängliche Investitionen wieder reinzuholen. In Deutschland werden derzeit zum Beispiel Windräder für windschwache Regionen entwickelt, die Länder wie Kanada, Brasilien, Japan und die Türkei bereits zunehmend importieren. In China ist die Kohle noch zu billig (mehr im Kapitel »Smog in Peking«) und die USA ist noch fest im Griff der Öl- und Gaslobby. Was daraus folgt? Die Preise für erneuerbare Energien müssen also weiter sinken …

Klimaskepsis – wenn Eigeninteressen die Fakten besiegen

Wäre es nicht schön, wenn alle wissenschaftlichen Erkenntnisse zum Klimawandel falsch wären? Wenn es gar keine Erderwärmung gäbe oder zumindest keinen oder nahezu keinen Beitrag von uns Menschen dazu? Dann wären wir frei von jeder Verantwortung und es gäbe keinerlei Grund, etwas zu verändern. Wir sind nun einmal bequeme Wesen, was gäbe es also Schöneres als alles so zu belassen, wie es ist? Wir müssten kein Geld für Klimaschutzmaßnahmen ausgeben und könnten sicher noch einige Jahre oder Jahrzehnte unser auf den Verbrauch fossiler Energie gestütztes Leben führen. Die ökonomischen Strukturen könnten in diesem Bereich bleiben, wie sie sind, auch in näherer Zukunft würde folglich dort viel Geld verdient, wo es heute schon der Fall ist. Eine Energiewende, die sich ausschließlich in der Verknappung der Ressourcen begründet, wäre kein Problem unserer Generation. Damit dürfen sich gerne unsere Nachkommen beschäftigen – und die werden eine Lösung finden ...

Solch eine Welt würde vielen entgegenkommen: Jenen, die direkt davon profitieren, ebenso wie jenen, die einfach für sich selbst nach Argumenten suchen, mit denen sie Maßnahmen gegen den Klimawandel inklusive ihrer Kosten als unsinnig zurückweisen können. Kurzum: Wird sind alle dafür anfällig, eine solche Welt zu mögen. Und so fallen Argumente von sogenannten Klimaskeptikern oder Klimawandelleugnern oder – wie sie sich selbst gerne nennen – Klimarealisten oft und schnell auf fruchtbaren Boden, auch wenn sie wissenschaftlichen Analysen nicht standhalten.

Aber ist es realistisch, dass der Mensch durch sein Verhalten keinerlei Einfluss auf die Atmosphäre haben soll, während der gesamte Rest des Planeten massiven Veränderungen durch uns unterliegt? Schauen Sie nur auf die vielen unrühmlichen Hinterlassenschaften unserer Zivilisation, etwa die Müllberge an Land und in unvorstellbarem Ausmaß auch im Meer; auf die Überfischung der Meere, die Entwaldung der Tropen (siehe das Kapitel »Ausgedehnte Abholzung«) und die massive Veränderung der Landschaft durch die Versiegelung der Böden; oder auf unsere unendliche und weltweite Hilflosigkeit beim Finden eines Endlagers für atomare Abfälle, die – zu Recht – wirklich niemand haben will. Dummerweise haben wir sie aber produziert.

Nur die Atmosphäre soll also all unser Tun stets anstands- und folgenlos hinnehmen? Sagen wir vorsichtig: Das wäre zumindest sehr verblüffend. Der ernsthafte Glaube daran könnte mit der Unsichtbarkeit der Gase zu tun haben, die wir in unsere empfindliche Lufthülle pusten. Treibhausgase sind nun mal geruchlos und unsichtbar und so vergisst man schnell, dass sie überhaupt vorhanden sind. Stellen Sie sich nur vor, unser zusätzlich in die Atmosphäre eingetragenes Kohlendioxid wäre giftgrüner, nach faulen Eiern stinkender Qualm. Stellen Sie sich weiter vor, Sie würden wegen unserer Emissionen die Sonne nicht mehr sehen oder müssten immer eine optisch wenig ansprechende Gasmaske aufsetzen, wenn Sie vor die Haustür treten wollen. Wie schnell wären wir dann wohl im Ergreifen effektiver Maßnahmen allüberall auf dieser Welt und wie schwer hätten es Klimaskeptiker, uns von der Bedeutungslosigkeit unseres Tuns für die Atmosphäre zu überzeugen?

Im zweiten Schritt fällt bei vielen Skeptikerargumenten auf: Man erfährt zwar, dass alles nicht so funktioniert, wie es die Klimaforschung darstellt – eine schlüssige Theorie, wie denn dann alles zusammenspielt, wird aber nicht geliefert. Schlüssig bedeutet in diesem Fall, eine Theorie zu präsentieren, die alle beobachteten Klimafakten ohne einen menschlichen Einfluss durch unsere Treibhausgasemissionen global und gemeinsam erklärt. Versuche, eine solche zu finden, gibt es natürlich – warum auch nicht? Nur genügen solche Ansätze bisher nie dem wissenschaftlichen Anspruch, »wasserdicht« zu sein. Spricht man beispielsweise dem Kohlendioxid seine Klimawirkung ab, so ist es nicht mehr möglich, die Klimavergangenheit unseres Planeten zu erklären.

Bevor eine solche Aussage also »erlaubt« ist, muss man eine neue Theorie entwickeln, warum sich das Erdklima in der Vergangenheit so verhielt, wie beobachtet. Keine leichte Übung!

Zum dritten Mal nachdenklich werden sollte man aus einem Grund, der eigentlich genau gegen das Nachdenken spricht: Ist Ihnen schon einmal aufgefallen, dass man die Argumente der Skeptiker immer sofort und ohne große fachliche Anstrengung – und zwar unabhängig vom eigenen Hintergrundwissen dieser komplizierten Thematik – versteht? Deswegen wenden sich ihnen viele von uns schnell zu, nicht zuletzt weil sich die Skeptikerargumente leicht wiederholen lassen und man so in Gesprächen unter Laien schnell selbst mit »Wissen« punkten kann. Mit wissenschaftlichen Artikeln aus Fachzeitschriften, die für Nichtfachleute schwere und mathematisch anspruchsvolle Kost darstellen, lässt sich da weitaus weniger anfangen. Dazu ein Beispiel: Stellen Sie sich vor, ein Klimaskeptiker sagt in einer Talkshow in die Runde: »Wie soll denn das Kohlendioxid zu einer solch katastrophalen Erwärmung führen? Schließlich liegt der CO_2-Gehalt in der Atmosphäre bei nur 0,04 Prozent und selbst davon sind 95 Prozent natürlichen Ursprungs.« Es ist nur eine Frage, aber sie klingt sehr überzeugend, sie ist in fünf Sekunden gesprochen und die hier angegebenen Zahlen sind bezogen auf den jährlichen Kohlenstoffkreislauf korrekt. Viele Zuschauer unserer fiktiven Talkshow werden allein von der Frage beeindruckt sein und der suggerierten Auffassung gerne folgen, dass so wenig doch kaum für so viel verantwortlich sein kann! Sitzt diesem Kritiker in unserer Sendung nun ein Wissenschaftler gegenüber, so wird er keinen vergleichbaren »Gegenschlag« setzen können. Er wird Minuten brauchen, um die gröbsten Zusammenhänge zu erklären. Wenn ihn der Moderator in der Befürchtung, die Einschaltquoten könnten sinken, überhaupt aussprechen lässt, so wird der eine oder andere Zuschauer sicherlich inhaltlich auch mal abgehängt, zumal nicht jeder Naturwissenschaftler eine Speerspitze der Eloquenz sein muss. Am Ende ist es dann schnell passiert: Der Zuschauer wirft dem Wissenschaftler undurchsichtiges Rumgeschwurbel vor und schlägt sich schnell auf die leicht verständliche Seite des

Kritikers (inhaltlich wird dieses Beispiel im folgenden Kapitel »Kohlendioxid und der Mensch« erläutert).

Kleiner Tipp einer schnellen Replik des Wissenschaftlers auf unseren Kritiker in der Talkshow: »Schauen Sie mal auf die FCKW (Fluorchlorkohlenwasserstoffe). Sie sind rein menschlichen Ursprungs und ihre Konzentration in der Atmosphäre ist rund eine Millionen Mal geringer als die des Kohlendioxids, doch genau dieses wenige FCKW sorgt nachweislich für ein bis zu 27 Millionen Quadratkilometer großes ›Loch‹ in der Ozondecke.« Es kommt also nicht auf das »Wie viel«, sondern auf das »Wie wirksam« an, und dieses Beispiel zeigt sehr deutlich, dass der »kleine« Mensch eben doch eine sehr große Wirkung auf die Atmosphäre haben kann.

Das Klimasystem ist sehr komplex – ganz einfache, knappe, gleichzeitig fachlich seriöse und differenzierte Antworten gibt es leider fast nie. Aber wie soll der Laie inhaltlich die Spreu vom Weizen trennen? Auf das Misslingen dieses Vorhabens bauen viele Klimaskeptiker. Es ist einfach, sich in der Öffentlichkeit etwa recht platt darüber zu amüsieren, dass Wissenschaftler versuchen, kältere europäische Winter in Zeiten des Klimawandels mit dem Eisschwund der Arktis im Spätsommer zu erklären. Ein süffisant geschmunzeltes »Aha, es wird also kälter, weil es wärmer wird!« im Raum stehen und wirken zu lassen ist nun mal einfacher und viel effektvoller, als sich ernsthaft mit der komplizierten Theorie der Wirkung des Eisrückgangs auf die winterlichen Rossby-Wellen (siehe das Kapitel »Kalte Winter und Erderwärmung«) auseinanderzusetzen.

Manchmal entsteht aus einem richtigen Gedankengang aber auch der falsche Schluss. Beim »Wetter im Ersten« gab es kürzlich ein großes Skeptikerlob dafür, dass wir die Temperaturen eines gerade vergangenen Monats mit dem aktuellen 30-jährigen Temperaturmittel von 1981-2010 verglichen haben, statt noch das »amtliche« Mittel von 1961-1990 zu verwenden. Einen möglichst aktuellen Mittelwert zum Vergleich heranzuziehen ist immer vernünftig, hatte aber auch die Folge, dass die Temperaturabweichung nach oben nicht mehr ganz so extrem war wie mit dem »amtlichen« älteren Mittelwert. Der Tenor des Lobs war nun, dass die Abweichungen nach oben durch Verwendung des alten Mittels bisher immer bewusst übertrieben wurden, um den Klimawandel stärker erscheinen zu lassen. Wir hätten hier endlich einmal »aufgeräumt«. Doch vor lauter Freude wurde völlig außer Acht gelassen, dass die Abweichungen ja gerade deswegen geringer waren beziehungsweise im Extremfall sogar ins Negative rutschten, weil die Mittelwerte gestiegen sind. Und das ist nun mal gleichbedeutend mit der Feststellung, dass es wärmer geworden ist, oder anders gesprochen: Die beliebige Wahl eines Temperaturmittels ändert die inhaltliche Aussage natürlich nicht.

Es überrascht nicht, dass man bei wenig eigener Sachkenntnis schnell Spielball überzeugender Kräfte aller Art werden kann. Obige Beispiele zeigen daher deutlich, wie wichtig es ist, dass Wissenschaft und Medien gemeinsam versuchen, die komplizierten Fakten verständlicher aufzubereiten, egal in welcher Disziplin. Sonst gewinnen die Kritiker allein dadurch Zulauf. Hier gibt es noch viel Verbesserungspotenzial. Für manch Medienschaffenden mag ein Zulauf bei den Skeptikern aber auch ein gefundenes Fressen sein, denn es heizt eine öffentliche Diskussion an. Die lässt sich dann prima ebendort, also in den Medien, führen, womit man wiederum trefflich Geld verdienen kann. Ein Schelm, der glaubt, dass man diesen Konflikt vielleicht schon mal hier und da etwas angeschoben haben könnte. Da braucht es gar nicht mal eine solch ruppige Überschrift wie Anfang Februar 2012 in einer in Deutschland nicht selten gelesenen Zeitung: »Die CO_2-Lüge«.

Während die Klimaforschung versuchen muss, ein schlüssiges Weltbild der Klimasituation unseres Planeten darzustellen, kann ein effektiv arbeitender Geist immer wieder Einzelthemen herausgreifen und bei guter medialer Vernetzung mühelos dort platzieren. Ergebnis: Die Wissenschaft rennt in der Öffentlichkeit den von Skeptikern quasi vorgegebenen Themen hinterher und erscheint auf diese Weise oft in der vermeintlichen und gefährlichen Rolle des Sich-Rechtfertigenden. Breite, ideologiefreie und fachübergreifende Sachinformation in den Schulen könnte hier ein Gegenmittel sein.

Füllen wir dieses Kapitel mit ein paar Zahlen, die einer Studie von John Cook (Physiker und Betreiber der Internetseite »Skeptical Science«) entstammen, in der 11944 wissenschaftliche Artikel zum Thema Klimawandel analysiert wurden, die zwischen 1991 und 2011 erschienen sind. Es ergibt sich folgendes Bild: In 66 Prozent aller Fälle handelt es sich um wissenschaftliche Abhandlungen, die zu den Ursachen der behandelten Phänomene keine Stellung nehmen. In 33 Prozent der Fälle wird dem Prinzip des menschlichen Einflusses auf das Klima zugestimmt, in 0,7 Prozent wird das zurückgewiesen. In 0,3 Prozent besteht eine Unsicherheit, welcher Grund für die vorhandene Erwärmung anzuführen ist. Die Erwärmung selbst wird aber nicht bezweifelt. Hieraus ergibt sich zunächst, dass der häufig gemachte Kritikervorwurf einer Panikmache durch die Wissenschaft nicht belegt werden kann; dies ist eher das Resultat des medialen Umgangs mit dem Thema.

Der Vorwurf der Panikmache wird übrigens oft mit der Aussage kombiniert, dass eine wissenschaftliche Arbeitsgruppe dadurch schneller an mehr Forschungsgelder käme. Eine wenig einleuchtende Argumentation, gäbe es nämlich Grund zur Panik, so wäre keine weitere Forschung notwendig, sondern es würde allenfalls Geld für sehr konkrete Maßnahmen benötigt. Was wäre beispielsweise, wenn eine Forschungsgruppe zweifelsfrei herausgefunden hätte, dass ein Meteorit von jener Größe wie der, der vor 65 Millionen Jahren die Dinosaurier ausgelöscht haben dürfte, auf die Erde zurast und sie irgendwo treffen wird? Ab dann steckt man alles Geld ganz sicher in dessen Abwehr und nicht in weitere Forschung, die den Aufprallort um 100 Kilometer genauer ermittelt und untersucht, wo er herkommt oder wie er zusammengesetzt ist. Kurzum: Ein Wissenschaftler würde davon wohl als Letzter profitieren!

Die Studie von Cook kommt zu dem Ergebnis, dass in der Wissenschaft bei 97 Prozent der Klimaforscher ein Konsens vorherrscht, dass der Mensch maßgeblich an der derzeitigen Erwärmung unseres Planeten beteiligt ist. Dies bestätigen auch Studien der Wissenschaftler Dennis Bray und Hans von Storch sowie von Peter T. Doran und Maggie Zimmermann. Alarmierend ist aber, dass zum Beispiel in der US-amerikanischen Öffentlichkeit 57 Prozent der Menschen nicht daran glauben, dass es diesen wissenschaftlichen Konsens gibt. Auch in Deutschland scheint der Glaube an diesen Konsens abzunehmen. Dies ist ein Zeichen dafür, dass die Kommunikation zwischen Wissenschaft und Öffentlichkeit nicht allzu erfolgreich ist und dass die Klimaskeptiker davon profitieren.

Dies geschieht allein schon durch eine irreführende Gewichtung in den Medien: Stellen Sie sich eine Klimakonferenz mit 100 Teilnehmern vor. 97 davon erkennen den Einfluss des Menschen auf das Klima an, drei tun das nicht – dies entspräche den Verhältnissen, wie sie Cook herausgefunden hat. Nun kommen Journalisten hinzu und befragen die Teilnehmer der Konferenz. Wen werden sie fragen, um vernünftigerweise das Spektrum der Meinungen abzudecken? Klar, einen von den 97, die dem Konsens zustimmen, und einen von den drei verbleibenden, die das nicht tun. Was ist für den Leser am Ende zu sehen? Zwei Meinungen – es »fühlt sich an«, als stehe es 50/50, doch genau das gibt die Verhältnisse auf der Konferenz eben nicht richtig wieder. Zu einer Talkshow, die sich dem Thema widmet, wird wohl ebenfalls ein Wissenschaftler geladen, der den Konsens ablehnt, aber auch nur einer, der zustimmt. In der Öffentlichkeit führt das »Verhältnisproblem« schnell dazu, sich der leichtverständlichen Kritikerhaltung zuzuwenden, die ja offensichtlich auch eine große Zustimmung in der Wissenschaft erfährt – schließlich hat man es so ja gerade gelesen oder gehört ...

Ganz grundsätzlich sei bemerkt: Skeptisch zu sein bedeutet zunächst einmal nichts anderes, als den Zweifel zum Prinzip des Denkens zu erheben. Das ist immer und für jeden sinnvoll. Besonders in der Wissenschaft selbst gilt dieses Prinzip. Deshalb werden wissenschaftliche Publikationen auch stets von anderen, zufällig ausgewählten Kollegen gegengelesen und fachlich geprüft, bevor sie veröffentlicht werden können. Wichtig ist aber auch die Beantwortung der Frage, wie man der eigenen Skepsis Herr wird. Hat man die Muße und das Interesse, sich bei inhaltlicher Unsicherheit den komplexen Themen wirklich zu stellen? Tut man das nicht, so läuft man schnell Gefahr, längst widerlegte Einlassungen oder gar Stammtischparolen zu übernehmen. Jeder darf selbstverständlich seine eigene Meinung haben, das Motto »Jedem seine eigenen Fakten« funktioniert jedoch nicht. Fakten gilt es zur Kenntnis zu nehmen, ob sie nun in das eigene Weltbild passen oder nicht.

Die persönlichen Gründe von Menschen, dem Thema Klimawandel kritisch gegenüberzustehen, sind vielfältig. So gibt es die Trendskeptiker, die eine Erwärmung bezweifeln, die Ursachenskeptiker, die den Menschen für daran unschuldig halten, die Folgenskeptiker, die die Vorteile einer Erwärmung sehen, oder die Klimapolitikskeptiker, die die ergriffenen Maßnahmen für falsch halten und damit sicher das breiteste Kritikfeld beackern. Es gibt aber wie gesagt auch eine Form der Skepsis, die essentiell für jeden wissenschaftlichen Fortschritt ist. Akteure auf diesem Feld überprüfen Daten, Modelle oder Formeln und stellen auch das »gesicherte Wissen« in Frage. Eine solche sachliche, faire, fundierte und wissenschaftlich stichhaltige Kritik bereichert jede Diskussion. Eine solche Skepsis führt uns alle weiter und ist ein wichtiger und vernünftiger Beitrag dazu, wissenschaftlich flexibel zu sein – denn hier steht eindeutig der Erkenntnisgewinn im Mittelpunkt. Die Wissenschaft muss aus unserer Sicht frei und ergebnisoffen arbeiten, denn nur so wird systematisch neues Wissen geschaffen. Eine offene Gesellschaft, die ihre Zukunft gestalten will, sollte dies nicht auf der Basis von Glaubenssätzen, sondern von bestmöglichem Wissen tun.

Weil das komplexe Thema Klimawandel neben der naturwissenschaftlichen aber auch eine soziale, eine politische, eine ökonomische und eine ökologische Dimension hat, prallen ganz unterschiedliche Interessen verschiedenster Gruppen aufeinander; Interessen, die nicht selten mit viel Geld und seiner Verteilung verbunden sind. Daher auch der Tipp, den man üblicherweise in den USA erhält, wenn man sich nach klimaskeptischen Netzwerken erkundigt: »Follow the money.«

Völlig klar ist, dass zunächst jeder Einzelne, jede Firma, jeder Konzern und jeder Staat versucht, seine Interessen zu vertreten. Interessant wird es an der Stelle, wo Gründe von außen – wie zum Beispiel die Erkenntnisse über den anthropogenen Anteil am Klimawandel – eine Entscheidung notwendig machen: Wann muss ich mein Eigeninteresse hinter das Gemeinwohl zurückstellen? Damit ist keinesfalls der persönliche wirtschaftliche Untergang gemeint, sondern die Bereitschaft, Veränderungen zuzulassen, die eigene Bequemlichkeit aufzugeben und aktiv und flexibel neue Wege zu finden. Manchem fällt das schwerer, als anhaltend gegen die sich erweiternden Erkenntnisse zu opponieren. Ein erkennbar plumpes Beispiel dafür hat etwa Ryanair-Chef O'Leary am 20. Mai 2012 in der *Welt am Sonntag* geliefert: »Diese Weltuntergangsszenarien sind eine Erfindung von Spinnern, und die Politik springt nur zu gern auf den Zug auf, um sinnlose Steuern zu erheben. Allen voran Ihre deutsche Regierung. Die deutsche Luftverkehrssteuer ist moderne Straßenräuberei.«

Solche oder ähnliche, jedoch sprachlich meist geschickter vorgebrachten »skeptischen« Beiträge haben keinen Erkenntnisgewinn zum Ziel, sondern sie dienen schlicht dem Eigeninteresse. Meistens sind wirtschaftliche Sorgen die Triebfeder, doch mündet das Ganze am Ende oft in eine Art Missionierungsbedürfnis. Sämtliche Erkenntnisse zum menschlichen Anteil am Klimawandel werden dabei abgelehnt und es wird versucht, zusätzlich möglichst viele Menschen für die eigenen Thesen zu gewinnen. Jedwede Diskussion mit dieser Gruppe endet grundsätzlich – das haben wir vielfach erlebt – in einer Replik, die von Argumenten unbeeindruckt jede Beteiligung des Menschen am Klimawandel zurückweist. Ein solcher »Austausch« führt deshalb niemals weiter oder auch nur zu einem irgendwie gearteten Kompromiss, sondern endet vielmehr häufig mit dem Vorwurf einer großen Verschwörung von Politik und Wissenschaft, um Menschen das Geld aus der Tasche zu ziehen. Stimmt man selbst dem Verschwörungsvorwurf nicht zu, so lautet der Vorwurf, dass man das ja auch nicht könne, denn man sei ja ein Teil dieser »Verschwörung«. Und aus!

Bisher hat dieses Kapitel gezeigt, dass es kein Fehler ist, skeptisch mit der Skepsis umzugehen. Doch kann auch die Wissenschaftsseite dazulernen. So sollte der Elfenbeinturm der Erkenntnis öfter mal verlassen werden, um sich im Austausch mit der Bevölkerung und den Journalisten zu üben. Viele Zusammenhänge sind nun mal schwer verständlich und so wird oft Missverstandenes abgedruckt, gelesen und »draußen« für wahr gehalten. Zudem könnte eine unaufgeregtere Berichterstattung sicherlich helfen, einige Emotionen aus der Diskussion zu nehmen. Interessant ist vor diesem Hintergrund auch eine Studie der Universität Mainz. Dort teilen von 123 befragten Klimaforschern 75 Prozent die Einschätzung, dass viele Zusammenhänge im komplexen Klimasystem noch nicht verstanden sind. Solche Äußerungen dürften sicherlich zu einer größeren öffentlichen Akzeptanz des Themas beitragen – die Menschen sind vernünftig genug, um auf Unsicherheiten in Detailfragen nicht gleich mit der Ablehnung sämtlicher Erkenntnisse zu reagieren.

Wie man es nicht machen sollte, zeigte das Ergebnis eines – allerdings auch unrühmlichen – Hackerangriffs aus dem Jahre 2009. Damals wurden über 1 000 Mails und über 3 000 Dateien des Klimaforschungszentrums der University of East Anglia (Climate Research Unit, CRU) aus den Jahren 1996 bis 2009 in die Öffentlichkeit gebracht. Einige dieser internen Mails waren – Zitat – »pretty awful« (furchtbar) und gaben Anlass zu der Vermutung, dass hier Daten manipuliert worden wären. Auch wenn verschiedene Untersuchungskommissionen aus Wissenschaft und Politik allesamt abschließend zu dem Schluss kamen, dass kein »vorsätzliches wissenschaftliches Fehlverhalten« vorgelegen habe, so bekam die Klimaforschung einen ordentlichen Kratzer. Man lernt daraus sicherlich, dass auch die interne Kommunikation untereinander umsichtig geführt werden muss. Alles andere trägt sicher nicht dazu bei, Menschen für das Thema zu gewinnen. Die Datendiebe wurden bisher übrigens nicht gefasst, aber man kann zumindest vermuten, dass die kriminelle Energie und die Veröffentlichung des vermeintlichen Skandals kurz vor einer großen Klimakonferenz nicht das Zufallsereignis einer gutmeinenden abendlichen Hackerrunde waren.

Aktuell hat die Klimaforschung vor allem mit dieser Herausforderung zu tun: Seit etwa zehn Jahren ist die Temperatur auf der Erde praktisch nicht angestiegen, verharrt allerdings auf extrem hohem Niveau. Selbst wenn es wenig verwunderlich ist, dass bei einem Zusammenwirken von Mensch und Natur auf unser Klima kein gleichmäßiger Temperaturanstieg zu erwarten ist, so war diese Entwicklung vor einigen Jahren so nicht erwartet worden. Eine völlig irrationale Reaktion wäre nun die Aussage, dass es deshalb offensichtlich gar keinen Klimawandel gebe. Rational sind hingegen Überlegungen, die die Beobachtungen zu erklären versuchen. Eine Rolle dabei könnte die Sonne als unser Hauptenergielieferant spielen, aber auch die Wirkung übermäßiger Kohleverbrennung in Asien und der daraus entstehende Schwefel kann die Atmosphäre kühlen. Am stärksten im Fokus steht derzeit jedoch der Ozean. Er nimmt nicht nur CO_2 auf, sondern auch sehr viel Wärme – vor allem den Transport von Wärme in die Tiefe der Meere gilt es nun zu untersuchen (mehr dazu im Kapitel »Träger Temperaturanstieg«). Kurzum: Es muss herausgefunden und erklärt werden, weshalb wir derzeit einen solchen Temperaturverlauf auf der Erde erleben, und dieses neue Wissen muss in die Klimamodelle eingepflegt werden. Auf diese Weise ist die Klimaforschung eine transparente Wissenschaft, deren Wert für unsere Gesellschaft eine nicht zu unterschätzende Bedeutung hat.

Zum Schluss noch eine Anmerkung: In diesem Kapitel ging es um das Prinzip einer klimaskeptischen Haltung – nicht um die Betrachtung einer Vielzahl von Argumenten auf der »Für und wider«-Seite. Das würde den Buchumfang sprengen und so beschränken wir uns im folgenden Kapitel »Kohlendioxid und der Mensch« auf ein Beispiel. Darüber hinaus verweisen wir auf eine Vielzahl von Internetseiten, wie etwa die Seite www.klimafakten.de, die übrigens rein zufällig so heißt wie dieses Buch. Ebenso widmet sich Sven Plöger vielen der Skeptikerargumente in seinem Buch *Gute Aussichten für morgen – wie wir den Klimawandel bewältigen und die Energiewende schaffen können*, ebenfalls erschienen im Westend Verlag.

Kohlendioxid und der Mensch – was können wir eigentlich für den Klimawandel?

Es ist uns ein Bedürfnis, folgenden Satz ganz an den Anfang dieses Kapitels zu stellen: Kohlenstoffdioxid oder kurz Kohlendioxid (CO_2) ist kein »böses« Gas. Ohne dieses Gas könnten beispielsweise unsere Pflanzen keine Photosynthese betreiben. Wir hätten somit keinen Sauerstoff zum Atmen und obendrein auch keine Ozonschicht, die uns vor den Gefahren der Sonnenstrahlung schützt – beides sind keine schönen Szenarien.

CO_2 ist auch kein »Klimakiller«. Erstens ist das Wort allein schon verwirrend, denn was bliebe übrig, wenn unser Klima »gekillt« wäre? Und zweitens ist eben nicht das Gas selbst das Problem, sondern allenfalls unser Umgang damit. Mit steigender Tendenz jagen wir Menschen mittlerweile global und jährlich 34 Milliarden Tonnen Kohlendioxid durch die Verbrennung fossiler Energieträger wie Öl, Kohle und Gas in unsere Lufthülle. Weil das CO_2 ein langlebiges Treibhausgas ist und wir Menschen davon weit mehr als von allen anderen Gasen produzieren, ist es wie kein zweiter Stoff mit dem Thema Klimawandel verbunden.

Sein Anteil in der Atmosphäre hat im Jahr 2013 erstmals wieder 400 ppm (parts per million) erreicht und ist damit höher, als er nach heutigem Wissen in den letzten rund eine Million Jahren jemals war. Schaut man allerdings viel weiter in die Erdgeschichte zurück, beispielsweise in die Zeiten der Dinosaurier, so lag der Wert auch schon mal um etwa das Zehnfache höher. Für unsere Lebenswirklichkeit ist dieser Rückblick jedoch wenig dienlich, denn schließlich geht es bei der Thematik nicht darum, was der Planet Erde »aushält«, sondern was für uns erträglich ist. Ein Blick in die Zeit vor Beginn der Industrialisierung um 1750 ist somit hilfreicher. Zu dieser Zeit lag die

Kohlendioxidkonzentration bei rund 280 ppm, der Anstieg bis heute beträgt also über 40 Prozent. Auf der anderen Seite sind 400 auf eine Million Teile umgerechnet 0,04 Prozent. Das klingt wiederum nach ganz schön wenig. Rechnet man das um auf einen gewöhnlichen Zehn-Liter-Eimer gefüllt mit Luft, entspräche das einem kleinen Würfel CO_2 mit einer Kantenlänge von 1,59 Zentimetern. Wie soll man nun zu einem unsichtbaren und geruchlosen Gas stehen, das lebenswichtig ist, aber wohl das Klima massiv verändert? Das heute so reichlich in der Atmosphäre vorkommt wie noch nie seit menschlichen Lebzeiten, dessen Konzentration aber insgesamt doch ziemlich gering ist? Schwierig, sagen Sie? Sie haben Recht!

Beginnen wir das Dickicht zu durchleuchten. Dazu gehört zuerst eine Antwort auf die Fragen, was ein Treibhausgas überhaupt ist und wie es wirkt. Dann geht es darum nachzuweisen, dass Kohlendioxid ein solches Treibhausgas ist, und mit einer sehr einfachen Überlegung zu verdeutlichen, wie groß der Effekt des CO_2 auf die derzeit beobachtete Klimaänderung sein könnte. Zum Schluss des Kapitels wird unser Beitrag zum Klimawandel mit Hilfe des IPCC-Sachstandsberichtes genauer eingeordnet. Für alle Veränderungen sind wir Menschen zweifellos nicht verantwortlich, denn das parallel zu uns Menschen auch die Natur das Erdklima verändert, steht völlig außer Frage. Das war immer schon so und wird auch immer so bleiben. Einen Anspruch auf ein stabiles Klima haben wir schließlich nicht. Aber haben wir etwa das Recht, es zu ändern?

Der Treibhauseffekt ist zunächst ein natürlicher Effekt und wir können wahrlich froh sein, dass es ihn gibt. Dank der Treibhausgase beträgt die Oberflächentemperatur unseres Planeten nämlich rund +15 Grad (288 Grad Kelvin). Ohne sie wären es winterlich anmutende –18 Grad. Diese 33 Grad Temperaturunterschied bezeichnet man deshalb als natürlichen Treibhauseffekt. Erhöht man den Anteil der Treibhausgase beispielsweise durch die Verbrennung fossiler Energieträger, so nimmt dieser Effekt zu und es wird wärmer auf unserem Planeten. Diesen zusätzlichen Anteil nennt man anthropogenen Treibhauseffekt.

Abhängig von seiner Temperatur gibt jeder Körper oberhalb des absoluten Nullpunktes von –273 Grad Celsius (0 Grad Kelvin) elektromagnetische Strahlung ab. Den – sehr kleinen – Frequenzbereich zwischen 0,38 und 0,78 Mikrometer (tausendstel Millimeter) können wir sehen: Es ist schlicht das Licht! Ein heißer Körper wie die Sonne gibt sehr kurzwellige Strahlung ab, ein deutlich kühlerer wie die Erde sendet längere Wellen aus – die Infrarotstrahlung. Die Wellenlänge, bei der das Strahlungsmaximum auftritt, kann man übrigens leicht ausrechnen. Man nehme 2898 und dividiere dies durch die Temperatur in Kelvin (Wert in Grad Celsius plus 273). Beispiel Erde: 15 Grad Celsius sind 288 Kelvin und 2898/288 ergibt etwa zehn. Die Erde sendet also ihr Strahlungsmaximum bei rund zehn Mikrometern aus – ein Ergebnis aus dem Wien´schen Verschiebungsgesetz. Bei der Sonne mit einer Oberflächentemperatur von circa 5800 Kelvin ergibt sich so ein Strahlungsmaximum von etwa 0,5 Mikrometern, also genau im Spektralbereich des sichtbaren Lichts. Das freut uns, denn so können wir die Sonne nicht nur fühlen, sondern auch sehen.

Für den Treibhauseffekt spielen nun die Infrarotstrahlen, welche die Erde aussendet, die entscheidende Rolle. Denn sie werden von bestimmten Gasen absorbiert und in alle Richtungen wieder abgegeben. So entsteht ein Wärmestau in der Atmosphäre, da die langwellige Infrarotstrahlung nicht vollständig ins Weltall entweichen kann. In bewölkten Nächten ist das übrigens gut nachprüfbar, denn dann wird es weitaus weniger kalt als in Nächten ohne Wolkendecke. Das verantwortliche Treibhausgas ist hier der Wasserdampf.

Doch welche Gase sind nun Treibhausgase und welche nicht? Schauen wir uns dazu das Kohlendioxidmolekül einmal näher an: Es handelt sich um ein dreiatomiges gestrecktes Molekül, in der Mitte sitzt das Kohlenstoffatom und an den Außenseiten jeweils ein Sauerstoffatom (OCO oder vereinfacht geschrieben CO_2). Nach außen ist es zwar elektrisch neutral, die beiden Sauerstoff-»Enden« weisen gegenüber dem Kohlenstoffatom aber einen negativen Ladungsüberschuss auf, weshalb das Molekül ein Dipolmoment hat. Befindet es sich im Ruhezustand, so ist die Ladung symmetrisch verteilt. Wird es jedoch von Infrarotstrahlung – also elektromagnetischer Energie – getroffen, dann beginnt es zu schwingen. Dabei kommt es zu Streckschwingungen, die den Abstand der Atome zueinander verändern, und zu Deformationsschwingungen, die sich auf den Bindungswinkel der Atome auswirken. So kann das CO_2-Molekül der eintreffenden Strahlung quasi Energie entziehen und in Schwingungen zwischenspeichern – und dann wieder abgeben. Denn die Molekülschwingungen produzieren durch das rhythmische Verschieben der Ladungen ihrerseits wieder elektromagnetische Strahlung im Infrarotbereich; Wärmestrahlung, die das Molekül nun in alle Richtungen abgeben kann.

Das Treibhauspotenzial eines Gases hängt maßgeblich davon ab, wie lange es in der Atmosphäre verbleibt, aber auch von seiner Eigenschaft, sein Dipolmoment durch die Schwingungen zu verändern. Große Moleküle mit vielen Schwingungsebenen haben hier ein viel größeres Potenzial als Kohlendioxid und spielen nur durch ihr wesentlich geringeres Gesamtvorkommen eine untergeordnete Rolle. So ist etwa Methan 23-mal und FCKW-11 sogar 3400-mal so klimawirksam wie Kohlendioxid. Besonders wichtig: Zweiatomige Gase wie etwa Stickstoff (N2) und Sauerstoff (O2) – die Hauptbestandteile der Atmosphäre – können durch Infrarotstrahlung ihr Dipolmoment nicht verändern. Sie sind für die Wärmestrahlung von der Erde transparent, oder einfach gesprochen: Sie sind schlicht keine Treibhausgase!

Kohlendioxid ist zwar nur das zweitwichtigste Treibhausgas, aber es ist sehr langlebig, denn die Moleküle halten sich etwa 100 bis 150 Jahre in der Atmosphäre auf. Das mit Abstand bedeutendste Treibhausgas ist jedoch der Wasserdampf. Weil die Menschheit aber kaum Wasserdampf emittiert und er mit rund neun Tagen Verweildauer in der Atmosphäre (dann kommt neuer!) auch kurzlebig ist, spielt er für die Debatte um unseren anthropogenen Anteil am Klimawandel keine direkte Rolle. Aber eine indirekte: Weil die Temperatur durch von uns emittierte Treibhausgase steigt und wärmere Luft mehr Wasserdampf aufnehmen kann als kalte, kann nun eine größere Menge hiervon in die Atmosphäre gelangen und ihrerseits wieder treibhauswirksam sein. In einem solchen Fall spricht man von einer positiven Rückkopplung, wobei positiv hier im Sinne von »verstärkend« und nicht von »gut« zu verstehen ist.

Es gibt verschiedenste Versuchsanordnungen, mit denen man zeigen kann, dass die Temperatur unter Zufuhr von Wärmestrahlung in einer kohlendioxidreicheren Luft höher ist als in einer kohlendioxidärmeren. Besonders mühelos im Schulunterricht machbar ist dieser Versuch: Man nimmt zwei gleiche Flaschen, die normale Umgebungsluft enthalten, und erhöht in einer der beiden den CO_2-Gehalt. Besonders einfach gelingt das, wenn man Essig mit Sodawasser mischt. Weil Kohlendioxid schwerer ist als Luft, kann man es einfach mit einem Schlauch in eine der Flaschen einbringen, ohne dass es entweicht. Dann misst man zur Kontrolle die Temperaturen in beiden Flaschen, die natürlich gleich sind. Nun stellt man zwei identische normale Glühlampen in gleicher Entfernung vor die Flaschen und schaltet sie ein. Nachdem beide Flaschen etwa eine Schulstunde lang mit deren Licht bestrahlt wurden, misst man erneut die Temperatur. Ergebnis: Die Flasche mit der CO_2-reicheren Luft ist wärmer als die andere.

Ein anderer Versuch zeigt, dass Kohlendioxidmoleküle wirklich von der Infrarotstrahlung zum Schwingen angeregt werden und diese dann ungeordnet streuen, also in alle Richtungen wieder abgeben. Dazu nimmt man ein Glasrohr, in dem sich nur Stickstoff und Sauerstoff befinden. An das eine Ende stellt man eine Kerze und am anderen Ende bringt man eine Kamera an, die die Infrarotstrahlung der Kerze messen kann. Stickstoff und Sauerstoff können von der Strahlung der Kerze nicht angeregt werden und folglich ist die Flamme der Kerze in der Kamera genau zu sehen. Nun gibt man so viel Kohlendioxid hinzu, wie in unserer Atmosphäre enthalten ist. Das Ergebnis: Die Flamme der Kerze ist für die Kamera nicht mehr scharf erkennbar, denn das Kohlendioxid hat die Strahlung in alle Richtungen gestreut.

CO_2 ist also ein Treibhausgas und sein Anteil in der Atmosphäre beträgt 0,04 Prozent. Nun wäre es wünschenswert, genau ausrechnen zu können, wie groß der Anteil des von uns Menschen emittierten Kohlendioxids am gesamten derzeit beobachteten Klimawandel ist. Ließe sich hier eine eindeutige, unzweifelhafte Zahl in Grad Celsius oder Prozent errechnen – also eine Angabe in der Art: »Der Mensch ist durch seinen Kohlendioxidausstoß für 50 Prozent der derzeitigen Klimaveränderungen eindeutig verantwortlich« –, so würden sicher sehr viele Emotionen aus der aktuellen Klimadebatte verschwinden. Denn dann wäre es obsolet, unseren Anteil interessenabhängig klein- oder großzureden. Doch leider ist in unserem komplexen Erdsystem mit so vielen Wechselwirkungen eine solche genaue Angabe schlicht nicht machbar. Was aber möglich ist und im Folgenden gezeigt wird, ist eine grobe (weil lineare), aber dafür leicht nachvollziehbare Abschätzung. Sie zeigt uns, ob unser Anteil eher vernachlässigbar oder eher bedeutend ist.

Kehren wir dazu noch einmal zurück in unsere fiktive Talkshow im Kapitel »Klimaskepsis«. Der in die Sendung geladene Kritiker fragte, wie denn ein Gas, das nur zu 0,04 Prozent in der Atmosphäre vertreten sei, wobei davon obendrein auch noch 95 Prozent natürlichen Ursprungs sind, so einen starken Klimawandel verursachen könne. Dem mag man auf den ersten Blick schnell zustimmen.

Schauen wir mal genauer hin: 0,04 Prozent klingt unglaublich wenig. Sofort stellt man da die Gegenfrage, wie es denn mit den übrigen 99,96 Prozent aussieht. Den Löwenanteil von 99 Prozent machen in unserer Atmosphäre Stickstoff und Sauerstoff aus. Doch bei diesen Gasen haben wir festgestellt, dass sie – weil zweiatomig – gar keine Treibhausgase sind. Darum spielen sie hier schlicht keine Rolle, denn wer am Prozess nicht beteiligt ist, muss auch nicht berücksichtigt werden. Weitere 0,9 Prozent unserer Luft bestehen aus Argon – einem Edelgas, das stets einatomig vorliegt und somit erst recht kein Treibhausgas ist. Von den 99,96 Prozent kann man also 99,90 Prozent getrost abziehen. Wir reden beim Kohlendioxid also von 0,04 von 0,10 Prozent oder von 40 Prozent der verbleibenden (wirksamen) Gase – und schon macht das CO_2 einen nicht mehr so bedeutungslosen Eindruck.

Nun der zweite Punkt: Der Kritiker in unserer Talkshow wies darauf hin, dass 95 Prozent des CO_2 natürlichen Ursprungs seien. Überprüfen wir dies und schauen dazu in den dritten IPCC-Sachstandsbericht aus dem Jahre 2001. Hier ist von einer natürlichen CO_2-Produktion von 550 Gigatonnen (Milliarden Tonnen) pro Jahr die Rede. Betrachten wir unsere derzeitigen Emissionen von global 34 Milliarden Tonnen im Jahr, so ergibt sich ein anthropogener Anteil von etwa 6,2 Prozent oder eben ein natürlicher von 93,8 Prozent. Der Kritiker hat den Wert also ziemlich gut getroffen.

Doch die entscheidende Frage kommt jetzt: Wie hoch ist der Gesamtbeitrag des CO_2 am Treibhauseffekt und wie viel machen die 6,2 Prozent davon aus? Zum Thema Gesamtbeitrag gibt es verschiedenste Literatur. In nahezu allen Fach- und Schulbüchern findet man für das Kohlendioxid einen Anteil von rund sieben Grad am natürlichen Treibhauseffekt, der wie erwähnt 33 Grad ausmacht. Eine Studie der Klimaforscher Trenberth und Kiehl zeigt für den wolkenlosen Himmel jedoch einen CO_2-Anteil von 26 Prozent, das entspräche 8,6 Grad. Im bewölkten Fall ist dieser Anteil jedoch geringer und kann auf bis zu zehn Prozent (3,3 Grad) sinken. Nehmen wir hier nun den Mittelwert, weil unser Planet im Schnitt zu etwa 50 Prozent bewölkt ist, so können wir sechs Grad einsetzen. Nach Angaben des PIK (Potsdam-Institut für Klimafolgenforschung) findet sich wiederum ein Wert von 29 Prozent für das CO_2 (9,6 Grad).

Es gilt also – je nach herangezogener Literatur – 6,2 Prozent von sechs Grad, sieben Grad oder 9,6 Grad zu berechnen, um unseren Anteil am Temperaturanstieg durch das Kohlendioxid grob einzuordnen. Das Ergebnis: 0,37 Grad, 0,43 Grad beziehungsweise 0,59 Grad. Wenn man sich nun vergegenwärtigt, dass die Temperatur binnen 100 Jahren global um 0,8 Grad angestiegen ist, so kann man als ganz grobe Näherung aussagen, dass der Mensch allein durch das Kohlendioxid etwa für die Hälfte der derzeitigen Klimaveränderungen verantwortlich zeichnet. Ein unzweifelhaft bedeutender Anteil, der zeigt, dass wir keinen inhaltlichen Anlass haben, unseren Beitrag zur aktuellen Klimaveränderung zu negieren.

An dieser Stelle sei auch noch kurz auf eine Zahl verwiesen, die in der Klimadebatte von allen Seiten (Skeptikern und Wissenschaftlern) häufig zitiert, aber unterschiedlich ausgelegt wird: zwei Prozent. Für diesen Anteil am Treibhauseffekt seien wir verantwortlich. Skeptiker weisen nicht selten auf den geringen Wert hin, doch auch hier wird die abschließende und damit wichtigste Rechnung gerne vergessen. Es geht um zwei Prozent des gesamten Treibhauseffektes und der beträgt 33 Grad. Weil zwei Prozent von 33 Grad aber 0,66 Grad sind, ist dieser Anteil an den beobachteten 0,8 Grad sogar noch deutlich höher als die oben genannten rund 0,37 bis 0,59 Grad. Dies liegt vor allem daran, dass obige Abschätzung eher konservativ ist, weil sie nur das Geschehen in einem einzigen Jahr betrachtet. Es wurde dabei also nicht berücksichtigt, dass ein großer Anteil des anthropogenen CO_2 über viele Jahre in der Atmosphäre verweilt – noch einmal sei darauf hingewiesen, dass der Mensch ja für den überwiegenden Anteil des Anstiegs der Kohlendioxidkonzentration um 42 Prozent (von 280 auf 400 ppm) verantwortlich ist.

Jedoch: Alle diese einfachen linearen Abschätzungen liefern nur eine Orientierung. Die Zahlenwerte sind somit final nur geeignet für die Aussage, ob die Wirkung des Menschen als unbedeutend oder bedeutend eingestuft werden sollte – und sie konnten klar zeigen, dass unser Beitrag offensichtlich bedeutend ist.

In den Sachstandberichten des IPCC zu unserem Klima wird die Einheit »Strahlungsantrieb in Watt pro Quadratmeter« genutzt, um die Wirkung klimarelevanter Einflüsse beziffern und miteinander vergleichen zu können. Der Vorteil ist, dass dieser Wert nicht von den komplizierten und daher oft verwirrenden Rückkopplungsprozessen im Klimasystem abhängt (Beispiel: A wirkt auf B, C und D, aber B und C wirken gemeinsam auf A zurück, was seinerseits D senkt und in Kombination mit A wiederum B erhöht, zumindest wenn E unterhalb eines Schwellen-

Strahlungsantrieb klimarelevanter Einflüsse in Watt/m²		
CO_2:	1,66	(1,49 bis 1,83)
CH_4 (Methan):	0,48	(0,43 bis 0,53)
N_2O (Distickstoffoxid bzw. Lachgas):	0,16	(0,14 bis 0,18)
FCKW/FKW:	0,34	(0,31 bis 0,37)
Stratosphärisches Ozon:	-0,05	(-0,15 bis 0,05)
Troposphärisches Ozon:	0,35	(0,25 bis 0,65)
Stratosphärischer Wasserdampf von CH_4:	0,07	(0,02 bis 0,12)
Oberflächenalbedo durch Landnutzung:	-0,2	(-0,4 bis 0,0)
Oberflächenalbedo durch Ruß auf Schnee:	0,1	(0,0 bis 0,2)
Direkter Aerosoleffekt:	-0,5	(-0,9 bis -0,1)
Wolken-Albedo-Effekt:	-0,7	(-1,8 bis -0,3)
Luftfahrt-Kondensstreifen:	0,01	(0,003 bis 0,03)
Nettoeffekt (anthropogen):	1,6	(0,6 bis 2,4)
Solarstrahlung (natürlich):	0,12	(0,06 bis 0,30)

Quelle: Vierter IPCC-Sachstandsbericht 2007

wertes verbleibt. Ist dem nicht so, könnte das verblüffende Folgen für F haben ...). Wird der Strahlungsantrieb jedoch in Temperaturen umgerechnet, kommen mit den Rückkopplungen auch wieder die Unsicherheiten ins Spiel. Die Größen des Strahlungsantriebs für das Jahr 2005 bilden dennoch einen guten Abschluss für dieses Kapitel, das sich mit der groben Einordnung unseres Anteils am Klimawandel befasst hat. Dabei sind sowohl das Klima erwärmende (zum Beispiel Kohlendioxid) als auch abkühlende (zum Beispiel Aerosole) Beiträge aufgeführt (alle Werte in Watt/m²). Die Klammern in der obigen Übersicht geben den Bereich der Unsicherheit an.

Die folgende Abbildung zeigt, ähnlich wie die Tabelle zuvor, dass die Schwankungen der Sonnenintensität alleine keinesfalls geeignet sind, den derzeitig beobachteten globalen Tem-

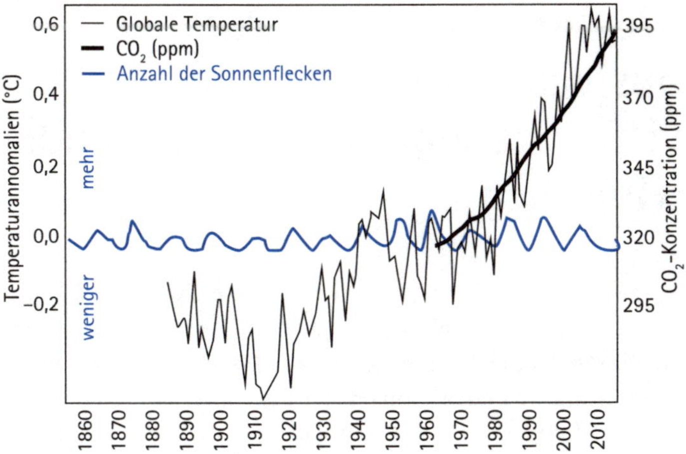

Korrelation zwischen globalem Temperaturverlauf, CO_2-Konzentration und der Anzahl der Sonnenflecken (Sonnenintensität)
Quelle: Prof. Dr. Stefan Rahmstorf, NASA, SIDC NOAA, http: //herdsoft.com/climate/widget/

peraturstieg zu erklären. Eine deutlich höhere Korrelation ist zwischen Temperaturanstieg und CO_2-Anteil in der Atmosphäre erkennbar.

Wie der künftige Strahlungsantrieb, etwa im Jahr 2100, aussieht, berechnet die Klimaforschung mit Hilfe verschiedener Szenarien, die im Kapitel »Komplexe Klimamodelle« erläutert werden. Der fünfte IPCC-Sachstandsbericht, der wenige Tage nach der Veröffentlichung dieses Buches erschienen ist, verwendet nun neue Szenarien. Sie werden als »repräsentative Konzentrationspfade« bezeichnet.

Weather to go – warum wir uns warmes Wetter und vielleicht sogar den Klimawandel wünschen

Sind Sie mit dem Wetter draußen gerade nicht so recht glücklich? Ist es Ihnen gerade zu kalt, zu heiß, zu nass oder zu windig? Dann geht es Ihnen genauso wie Millionen anderer Menschen in Europa auch. Sobald wir als Wettermoderatoren im Sommer Temperaturen von »nur« 19 Grad verkünden, sinkt die Begeisterung über unsere Wetterprognose. Diese Begeisterung fällt umso geringer aus, je kälter, windiger und nasser es wird. Dieses Phänomen hat gute Gründe und weckt bisweilen das Gefühl, eine Klimaerwärmung könnte etwas Wunderbares sein. Ist hier ein tieferer Grund für unser zögerndes Handel gegen den Klimawandel verborgen?

Um das zu klären, gehen wir in der Geschichte der Menschheit in die Vergangenheit. Sehr weit zurück – bis zur Erfindung des Schuhs, denn die Beziehungen Mensch–Schuh und Mensch–Klima weisen eine große Gemeinsamkeit auf. Beginnen wir zunächst mit der Geschichte des Schuhs: Unsere Vorfahren sind irgendwann auf die kluge Idee gekommen, dass es besser ist, seinen vertrauten Fußboden mit sich herumzutragen als barfuß immer wieder auf unbekanntes Terrain zu treten. Die ersten Menschen, die Blätter, Rinde oder Felle um die Füße banden und so den Schuh erfanden, waren gegenüber Menschen im Vorteil, die noch barfuß liefen und somit ein höheres Risiko hatten, auf giftige Tiere, stachelige Pflanzen oder spitze Steine zu treten. Spätestens beim Verlassen des Regenwaldes, in der offenen Savanne und bei langen Wanderungen, wurde die Mitnahme des vertrauten Bodens zu einem Faktor, der die Chance auf ein längeres und gesünderes Leben erhöhte. In der Evolution des Menschen haben sich die Schuhträger in unseren Breiten durchgesetzt.

Aus unserer Urzeit in Afrika haben wir aber noch viel mehr mitgenommen als nur die Schuhe und den Wunsch nach einem glatten, weichen Boden: Wir tragen noch immer unser Urwetter mit uns herum. Eine repräsentative Umfrage des Instituts für Wetter- und Klimakommunikation ergab 2010, dass über 90 Prozent der befragten Personen die folgende Kombination von Wetterelementen als »Idealwetter« erleben: sonnig, trocken, schwachwindig, 23 bis 25 Grad. Das ist das Idealwetter mit Kleidung. Ohne Kleidung kommen noch einmal drei bis fünf Grad oben drauf: Nackt fühlen wir uns bei 26 bis 30 Grad besonders wohl. Und jetzt kommt der spannende Punkt: Das entspricht ziemlich genau den Wetterverhältnissen, die wohl schon unsere Vorfahren bevorzugten, als wir noch in Afrika und relativ unbekleidet heimisch waren. Dieses Urwetter tragen wir immer noch mit uns herum. Und so ist es kein Wunder, dass wir im angezogenen Zustand die Wetterbedingungen sonnig, trocken, schwachwindig, 23 bis 25 Grad in unseren Wohnungen, Einkaufszentren, Bahnen, Bussen und Autos einrichten. Im Winter versuchen wir, die Luft im Wageninneren schnell auf die gewünschten angenehmen Temperaturen zu bringen, und stellen, wenn uns der Wind der Lüftung stört, diese gleich mal in Richtung des Beifahrers ein. Auf diese Weise nehmen wir heute unser Wetter als »Weather to go« überall mit hin. Auch das hat evolutionäre Vorteile. Zu hohe Temperaturen empfinden wir als anstrengend, unser körpereigenes Kühlsystem verbraucht dann viel wertvolle Energie. Zu niedrige Temperaturen wirken auf den Körper ebenfalls belastend.

Der Umstand, dass wir dieses Urwetter bevorzugen, versperrt uns jedoch in Teilen den Weg zum Klimaschutz. Mit den steigenden Temperaturen in Folge des Klimawandels nimmt die Wahrscheinlichkeit zu, dass wir in Mitteleuropa mehr Tage mit Werten um 24 Grad bekommen als früher. Und hier liegt das Problem: Diese Information empfinden viele als gute Nachricht. Das tiefe innere Gefühl, dass sonnige Tage mit 23 bis 25 Grad etwas so grundsätzlich Angenehmes sind, führt dazu, dass auch wir als Wettermoderatoren diesen Zustand der Atmosphäre als eine gute Nachricht präsentieren. Wenn also durch den Klimawandel in unseren Breiten mit einer Häufung dieser guten Nachricht zu rechnen ist, warum sollte man als Empfänger dieser guten Nachricht dann alles unternehmen, dieses zu verhindern? Es ist ein Paradox, das im Allmendephänomen mündet (siehe das Kapitel »Allmende«) und nicht wirklich lösbar erscheint.

Nun könnten wir an dieser Stelle mehr Freude für Wetterprognosen fordern, die kühles Wetter verkünden – in der Hoffnung, dass wir mehr für den Klimaschutz tun, wenn wir kühles Wetter angenehmer fänden. Sie ahnen schon, dass diese Forderung genauso erfolgversprechend wäre wie der Vorschlag, man solle ab sofort immer ein paar kleine Steine zwischen die Schuhsole und den Fuß streuen. Überall dort, wo der Klimawandel dazu führt, dass sich die Temperaturen unserem Urwetter annähern, werden sich viele Menschen finden, die das als angenehm empfinden und die es als ungerechtfertigten Eingriff werten, wenn Klimaschutz bedeutet, dass man auf die zusätzlichen warmen Tage verzichten soll. Den um fast 2,5 Grad zu warmen Juli 2013 haben viele als wundervoll warm empfunden und in schöner Erinnerung. Bei einer Klimaerwärmung gäbe es solche Sommermonate häufiger. Das klingt für viele nach einer guten Nachricht.

Diese Wahrnehmung ändert sich erst, wenn die negativen Folgen des Klimawandels den wahrgenommenen Vorteil für einen selbst überwiegen. Wenn allerdings die extremen Ereignisse wie Hitzewellen oder schwere Überschwemmungen durch Starkregen so weit zugenommen haben, dass man für den Rückgang dieser Ereignisse bereit wäre, ein paar Urwettertage zu opfern, dann wird es global betrachtet zu spät sein.

Lösbar ist dieser Konflikt schon: Es ist wichtig, das große Ganze im Blick zu behalten. Würde sich der Wunsch nach Mittelmeerwetter in Deutschland wirklich durch den Klimawandel realisieren, wäre das für den Mittelmeerraum eine dramatische Entwicklung. Dort würde es dann unerträglich heiß werden. Die Wärmerekorde nehmen zu (siehe das Kapitel »Träger Temperaturanstieg«). Freuen wir uns also nicht zu laut über die vielen zusätzlichen warmen Tage, denn beim Blick auf den globalen Klimawandel ist das keine gute Nachricht. Wir tragen als Wettermoderatoren diesen Konflikt auch mit uns herum, wenn wir in den kommenden Tagen wieder die gute Nachricht verkünden, dass es von Südwesten her deutlich wärmer wird und sonnige Tage mit 23 bis 25 Grad folgen. Let´s go.

Zögerliche Politik – warum sich Abwarten lohnen kann

Es kann schon zum Haareraufen sein, wenn wir wieder mal hören, dass sich eine Vielzahl von Politikern aus aller Welt per Flugzeug zur jährlichen Klimakonferenz begeben hat – und am Ende nichts weiter als vage Absichtserklärungen formuliert werden. Auf ein Neues im nächsten Jahr, sagt man dort schulterzuckend, und wir fragen uns einmal mehr, ob die klimaschonendste Maßnahme nicht gewesen wäre, die Klimakonferenz einfach ausfallen zu lassen. Dabei drängt die Zeit: Das so oft genannte Zwei-Grad-Ziel kann realistisch eigentlich nicht mehr erreicht werden und dennoch treten wir auf der Stelle und warten auf ... ja, auf was eigentlich? Oder anders formuliert: Kann sich das Abwarten vielleicht monetär lohnen?

Im ersten Moment schütteln wir wohl rasch den Kopf. Eine Vielzahl von Studien zeigt schließlich, dass man für jeden heute in den Klimaschutz investierten Euro bis ins Jahr 2100 2,50 Euro bis sieben Euro einspart. Warum also beginnt nicht jedes Land eifrig damit, in solche Projekte zu investieren, um genau diese Rendite zu erzielen und gleichzeitig die eigene Ökobilanz zu verbessern?

Ein Hauptgrund dafür ist evolutionär in uns verankert: Wir denken kurzfristig. Wir geben ungern heute Geld aus, von dem wir erst in ferner Zukunft etwas haben. Müssten wir nicht aber qua Verstand in der Lage sein, diese archaische Denkweise zu überwinden und uns so selbst vor den Folgen unseres eigenen vorhersehbaren Tuns zu schützen? Auch dieses Argument ist zu kurz gedacht. Denn dem Abwarten können durchaus rationale Überlegungen zugrundeliegen. Eine konkrete Investition gegen den Ausstoß von Treibhausgasen verlangt, die Zukunft ziemlich genau zu kennen. Die Frage ist nun: Kennen wir sie wirklich genau genug? Denken Sie nur an den schon seit einigen Jahren unerwartet ausbleibenden Temperaturanstieg in der Atmosphäre (siehe das Kapitel »Träger Temperaturanstieg«). Oder an die große szenarienabhängige Spanne der Temperaturveränderung bis zum Jahr 2100, die laut viertem IPCC-Bericht zwischen 1,8 und 6,4 Grad Celsius liegt. Das ist nicht sonderlich konkret, zumal das der globale Mittelwert ist, der in den verschiedenen Regionen dieser Welt auch stark unter- oder überschritten werden kann.

Wartet ein Staat also noch ab, so werden derweil die Erkenntnisse wachsen und wir können möglicherweise noch vernünftiger, weil noch gewinnbringender investieren. Aber nicht nur die Erkenntnisse rund um den Klimawandel könnten sich mehren, sondern eventuell auch technische Möglichkeiten. Vielleicht gelingt es ja in einigen Jahrzehnten etwa, das Kohlendioxid kostengünstig aus der Atmosphäre zu entfernen. Unser Erfindungsreichtum ist gefordert: Wozu könnte man CO_2 als Rohstoff verwenden? Eine zündende Geschäftsidee kann schon genügen. Kurzum: Warten bringt Wissen und hat auch einen ökonomischen Wert. Erst ab einem bestimmten Schwellenwert müssen die Staaten ihr Zögern aufgeben.

Laut Professor Michael Funke von der Universität Hamburg ist das vergleichbar mit einem Unternehmen, das bei erhöhter Nachfrage auch nicht sofort neue Mitarbeiter einstellt oder eine neue Fabrik baut. Vielmehr wird es zunächst einige Zeit das Geschehen beobachten, um dann abzuwägen, ob und wie es handeln soll. Dabei gilt: Je größer die Unsicherheit, desto höher ist auch die Schwelle. Realoptionsmodelle mit finanzmathematischen Verfahren sind in der Lage, den optimalen Zeitpunkt zum Handeln zu bestimmen. Bezogen auf ein nur kurzes Zeitfenster mit moderaten Klimaänderungen, das uns die Natur unseres Planeten zur Verfügung stellt, führen solche Handlungsmuster jedoch immer zu einem zu späten Handeln!

Und noch etwas ganz Konkretes kommt hinzu: Klimakonferenzen scheitern heute schlicht am Geld. Der größte Teil des vom Menschen freigesetzten und jetzt wirksamen Kohlendioxids wurde schon vor Jahrzehnten von den USA und Europa in die Luft gesetzt. Die heute stark wachsenden Industrieregionen, allen voran China, stehen deshalb auf dem Standpunkt, dass es für sie einen finanziellen Ausgleich geben muss, wenn sie in den Klimaschutz investieren. China fordert also faktisch einen Geldtransfer, mit dem sich andere Staaten die Beteiligung Chinas an Klimaschutzmaßnahmen erkaufen müssten. Die Rolle der USA ist dabei nicht einfach, da sich die noch führende Weltwirtschaftsmacht schon heute in ganz wesentlichen Teilen mit chinesischen Krediten finanziert. Einem weiteren Geldtransfer nach Fernost werden die USA daher auf lange Frist kaum zustimmen.

Aus der Sicht vieler an den Verhandlungen beteiligter Staaten lohnt sich also das Warten nach dem Motto: Wenn die chinesischen Gigastädte die Folgen der gewaltigen Emissionen vor Ort spüren (siehe das Kapitel »Smog in Peking«) und die Umweltfolgen im eigenen Land zu einer gewaltigen Kostenexplosion im Gesundheitswesen führen werden, dann wird China von sich aus Maßnahmen im eigenen Interesse ergreifen, von denen dann auch die Staatengemeinschaft profitiert. Die leeren Staatskassen befördern somit die Einstellung, erst einmal abzuwarten, wie stark das eigene Land denn überhaupt betroffen ist. Doch die Folgen werden am Ende alle spüren, denn der Klimawandel macht nun mal nicht an den Staatsgrenzen halt.

Hier muss sich die internationale Politik weiterentwickeln und die Staatengemeinschaft ist aufgefordert, das Zeitfenster des Handelns eng zu begrenzen, damit ein »optimaler« Handlungszeitpunkt nicht nur ökonomisch, sondern auch ökologisch vertretbar ist. Sollte es nach sehr sorgfältiger Vorbereitung tatsächlich eine internationale Klimakonferenz geben, auf der es wirklich verbindliche Vereinbarungen gibt, dann lohnt es sich auch, wenn sich hunderte Menschen dafür ins Flugzeug setzen. Ein Beispiel für einen Kompromiss, der im Kapitel »Smog in Peking« ausführlicher behandelt wird: Die Ankerländer erhalten die Erlaubnis, ihre Emissionen bis zu einem stark sinkenden Wert der Industrieländer ansteigen lassen zu dürfen. Ist dieser erreicht, so müssen wir uns alle gemeinsam von den hohen Emissionswerten verabschieden!

Emissionshandel – der Versuch, Ökonomie und Ökologie zu versöhnen

Markt, Wettbewerb und Gewinnstreben – das sind Begriffe, die für viele von uns einen negativen Klang haben. Doch trotz aller Kritik muss man diesem Dreiergespann eines zubilligen: Es hat einen Wachstumsprozess angestoßen, der insgesamt gesehen zu einer Verbesserung der Lebensqualität auf diesem Planeten beigetragen hat. Ein Tag vor hundert Jahren war für die meisten Menschen deutlich beschwerlicher als ein heutiger! Allerdings ist der Markt auf dem sozial- und umweltpolitischen Auge blind und schafft es von selbst auch nicht, gerechtere Verhältnisse zwischen Industrie- und Entwicklungsländern herzustellen. So ist es vernünftig und notwendig, wenn die Politik ihm im Sinne des Gemeinwohls Rahmenbedingungen vorgibt.

Mit dem Emissionshandel etwa wurde eine Brille erfunden, durch die der Markt – und zwar ohne seine eigenen Mechanismen zu untergraben! – erkennt, dass Umweltverschmutzung Geld kostet. Die Berechtigung, eine Tonne Kohlendioxid zu emittieren, bekommt einen Wert; in Europa, genau genommen in Leipzig und London, wird seit 2005 mit solchen Emissionsrechten gehandelt.

Die Idee dahinter ist einfach: Das Klimaziel der Europäischen Union besagt, dass bis 2020 20 Prozent weniger Treibhausgase als 1990 auf unserem Kontinent in die Atmosphäre gepustet werden sollen. Also wird die Anzahl der Emissionszertifikate nun schlicht von Jahr zu Jahr so reduziert, dass am Ende nur noch Zertifikate für eben diese um 20 Prozent reduzierten Gesamtemissionen im Umlauf sind. Das Ziel wird somit sicher erreicht, denn ohne Zertifikat dürfen die gesetzlich zum Handel verpflichteten Unternehmen kein Kohlendioxid emittieren oder müssen eine hohe Strafe von 100 Euro pro Tonne zahlen.

Der Vorteil dieses Handelssystems gegenüber einer planwirtschaftlich anmutenden Gesetzesvorgabe ist, dass jedes Unternehmen nach seiner individuellen Lage in einem mehrjährigen Zeitraum frei entscheiden kann, wann es in klimafreundlichere Technologien investieren möchte oder kann. Macht es dies frühzeitig und reduziert somit seine Treibhausgasemissionen, dann kann es überschüssige Rechte weiterverkaufen und dadurch Gewinne erzielen. Ein Unternehmen, das hingegen zu wenig Zertifikate besitzt, kann sie hinzukaufen und nötige Investitionen auf einen Zeitraum verschieben, der ihm geeigneter erscheint. Da es für die Natur unbedeutend ist, wer wo langlebige Treibhausgase in die Luft entlässt, spielt immer nur die Gesamtreduktion bis zu einem gewünschten Zeitpunkt eine Rolle – ein großer Vorteil für die Organisation der Maßnahmen. Deshalb können seit 2008 auch Emissionsberechtigungen durch Projekte entstehen, die den Kohlendioxidausstoß in Drittländern vermindern. Das ist oftmals günstiger, als Maßnahmen im eigenen Land durchzuführen, und zudem erhalten auf diese Weise Entwicklungsländer einen wichtigen Technologietransfer.

Ein einfaches Verfahren also, das nach marktwirtschaftlichen Prinzipien funktioniert und eine weltweite Zusammenarbeit fördert, um ein wichtiges Ziel in einer akzeptablen Zeit zu erreichen! Also alles gut? Können wir uns einfach über diese so grandiose Idee freuen? Leider nicht, denn Theorie und Praxis haben hier mal wieder wenig miteinander zu tun! Derzeit erleben wir nämlich einen Preisverfall der Emissionsrechte, der das ganze System ad absurdum führt. Doch auch wenn mancher den Emissionshandel schon lautstark als gescheitert betrachtet: Nicht diese Handelsform selbst ist ungeeignet, sondern die Art, wie wir den Handel konkret gestalten.

Ein wirklich richtig gutes Instrument wird der Emissionshandel nur dann, wenn er weltweit für alle Emittenten und für alle Treibhausgase gilt. Derzeit beschränkt er sich auf das CO_2 und bestimmte Industrieanlagen. Welche, ist gesetzlich festgelegt. Handelt Europa zudem alleine und fast alle anderen sparen sich die Emissionskosten, dann verzerren diese Einschränkungen natürlich den Wettbewerb – auch wenn es immer richtig bleibt, dass man mit jetzt getätigten Modernisierungen später finanziell besser dran sein wird. Im Mai 2013 handelten neben Europa, Australien und Neuseeland auch einige Staaten, bei denen es überraschend erscheinen mag: Kasachstan, die kanadische Provinz Québec, obwohl Kanada als einziges Land wieder aus dem Kyoto-Protokoll ausgetreten ist, Kalifornien und einige Staaten im Nordosten der USA. Weitere kanadische Provinzen, Mexiko, Chile, Brasilien, die Ukraine, die Türkei, Japan und vor allem China befinden sich in der unmittelbaren Vorbereitung eines solchen Handelssystems. Trotz aller Unkenrufe ist der Emissionshandel anderswo auf der Welt eine sehr lebendige Idee.

Das Vorbild Europa hat hingegen das schon genannte Problem der viel zu billigen Emissionszertifikate. Experten setzen einen vernünftigen Preis für das Emissionsrecht einer Tonne CO_2 bei 20 bis 30 Euro an. Im April verfiel der Wert aber auf weniger als drei Euro – nicht zuletzt wegen der zunächst getroffenen Entscheidung des EU-Parlaments, das derzeitige erhebliche Überangebot an Zertifikaten nicht vorübergehend künstlich zu verknappen und so den Preis wieder zu erhöhen. Prompt lohnen sich die Investitionen in klimafreundlichere Technologien nicht mehr zwingend und so unerfreuliche Dinge wie zum Beispiel die Stromerzeugung durch Kohle sind wieder auf dem Vormarsch. 2012 hat Deutschland deshalb einen Anstieg der CO_2-Emission im Vergleich zum Vorjahr verzeichnen müssen. Anfang Juli 2013 hat sich das Europäische Parlament aber in einem zweiten Anlauf zusammengerauft und entschieden, dass nun doch 900 Millionen CO_2-Zertifikate vorübergehend vom Markt genommen werden dürfen.

Dass die Zertifikate insgesamt aber immer noch zu Ramschpreisen gehandelt werden, hat vor allem zwei Gründe: Erstens werden die Emissionsminderungszertifikate aus ausländischen Projekten in Schwellen- und Entwicklungsländern sehr großzügig anerkannt. Dabei ist häufig gar nicht genau nachweisbar, dass eine Reduktionsmaßnahme irgendwo in China oder Bangladesch die bescheinigte Wirkung auch wirklich hat. Und zweitens wurden und werden viel zu viele Zertifikate kostenlos vergeben. Die Praxis einer anfänglichen kostenlosen Vergabe von Zertifikaten – das sogenannte Grandfathering – ist prinzipiell natürlich vernünftig, denn sonst käme auf ein Unternehmen mit dem Beginn seiner Beteiligung am Emissionshandel sofort eine riesige Kostenwelle zu. Doch genau eine solche will man ja mit dem marktwirtschaftlich orientierten Handelssystem vermeiden. Danach muss die Zahl dieser frei vergebenen Zertifikate jedoch in angemessener Weise sinken. Dieser Rückgang ist zwar festgesetzt, doch hat insbesondere die Wirtschaftskrise ab 2008 zu einem Einbruch bei der industriellen Produktion geführt, so dass ein großer Überschuss an Zertifikaten entstand. Schließlich basiert das Verteilungssystem weiterhin auf den Emissionen der Boomjahre Anfang des Jahrtausends.

Somit hat genau die Krise, die jetzt die Zertifikate verbilligt, auch die Emissionen gegenüber den Erwartungen verringert – und unserer Atmosphäre ist es gleichgültig, weshalb wir weniger Schadstoffe in die Luft entsenden. Europa wird bis 2020 eine Emissionsminderung von 20 Prozent schaffen, denn bis 2012 wurden schon rund 18 Prozent erreicht. Das aber wirft die Frage auf, ob ein Rückgang von 20 Prozent bis 2020 überhaupt ausreichend sein kann – vor allem im Hinblick auf die Zielsetzung des »Energiefahrplans« der EU, bis 2050 eine Reduktion von 80 Prozent gegenüber 1990 zu erzielen. Viele Fachleute sprechen daher von der Notwendigkeit, bis 2020 bereits auf eine Minderung von 30 Prozent zu kommen. Diese Schraube anzuziehen würde den Emissionshandel stärken und die Preise für den Verschmutzungshandel wieder steigen lassen. Das ist notwendig, denn schließlich ist es politisch gewollt, die deutsche Energiewende maßgeblich durch eben dieses eingespielte Geld zu finanzieren.

Wenn man als Antwort auf die Forderung nach einer solchen Verschärfung nicht selten hört, dass man in einer Wirtschaftskrise doch kein Geld für Umwelt- und Klimaschutzprojekte habe und die Prioritäten anders setzen müsse, so ließe sich entgegnen: Länder wie Deutschland, Dänemark oder Schweden, die aktiven Klimaschutz betreiben und betrieben haben, sind heute schlicht und einfach *nicht* die Krisenländer! Es müssen also ganz andere Gründe für die Krise vorliegen – und diese sind ja oftmals längst gefunden.

Energiewende – die Zeit für den Wandel ist da

Die weltweite Umstellung der Energieversorgung ist *die* große Aufgabe, wenn man dem Klimawandel noch rechtzeitig begegnen und sich auf die Verknappung der fossilen Ressourcen mit all ihren Folgen, wie beispielsweise einem drastischen Preisanstieg für Öl, Gas oder später auch Kohle, einstellen möchte. Dass es wegen der Endlichkeit der Ressourcen »irgendwann« ohnehin eine Energiewende geben wird, steht völlig außer Frage – ob wir das nun wollen oder nicht. Jetzt damit zu beginnen gibt uns jedoch die Möglichkeit, sie selbst zu gestalten. Außerdem ist es auch die klimafreundlichere und am Ende – leider nicht am Anfang – die kostengünstigere Variante. Der Vorgang ähnelt dem Steuern eines trägen Tankers: Will man einem Hindernis ausweichen, wird der Kraftaufwand umso größer, je später man am Steuerrad dreht. Man kann nun einmal dauerhaft nicht immer mehr von einer sich verknappenden Ressource verbrauchen. Das zu wissen und dennoch nicht zu reagieren ist aber nicht nur für unser Klima gefährlich, sondern kann eine Gesellschaft auch irgendwann zum Zerreißen bringen. Exorbitant steigende Energiepreise, die durch Spekulationen noch stark übertrieben werden, wären für viele Menschen nicht mehr tragbar. Wird die Verknappung später nicht nur monetär, sondern auch im Fehlen von Energieträgern spürbar, dann ist mindestens Streit um die Ressourcen vorprogrammiert. Dies alles gilt es zu verhindern.

Fakten über den Zustand unserer Umwelt zu sammeln und wissenschaftlich zu bewerten ist das eine; darauf zu reagieren das andere. Das Problem: Man kann nie zweifelsfrei sagen, welche Reaktion »die richtige« ist. Was wir beschließen und wie wir das umsetzen, ist unsere eigene Entscheidung. Dazu gilt es, die

Fakten zu kennen, Vor- und Nachteile von geplanten Maßnahmen sowie deren (finanzielle) Risiken gründlich zu prüfen und die Bevölkerung bei Entscheidungen möglichst einzubeziehen. Doch auch dann hätten wir es weiterhin mit tausenden von Meinungen zu tun. Kurzum: Eine Energiewende zu gestalten, die für alle gleichermaßen zufriedenstellend ist, ist schlicht unmöglich – es wird immer Diskussionen geben (müssen).

In Deutschland ist eine Energiewende – bestehend aus den Komponenten »Einsatz erneuerbarer Energien«, »Energiesparen« und »effizienterer Umgang mit Energie« – nun politischer Wille und viele Gruppen der Gesellschaft tragen diese Entscheidung mit. Weil Energiewende und Klimawandel eng verknüpft sind, findet das Thema auch in diesem Buch einen Platz – allerdings mit dem Hinweis, dass der Titel ja »Klimafakten« und nicht »Energiewendefakten« lautet. Daher können auch nicht alle Vor- und Nachteile verschiedenster technischer Lösungen oder politischer Entscheidungen durchdiskutiert werden. Es geht hier vielmehr darum, einen groben Überblick zu geben, was die Zielsetzungen der Energiewende in Deutschland sind und welche Auswirkungen das auf unseren Alltag hat. Dabei steht das außerordentlich emotionale Thema Energiekosten zweifellos im Mittelpunkt.

Seit der Entscheidung der Bundesregierung nach dem Reaktorunglück im japanischen Fukushima im März 2011, den Ausstieg aus dem Ausstieg aus dem Ausstieg aus der Kernkraft (das letzte AKW soll 2022 abgeschaltet werden) und eine Wende hin zu den Erneuerbaren auf die Beine stellen zu wollen, ist das Wort Energiewende in aller Munde. Mancher ist begeistert und sieht in dem Projekt große Chancen, nicht nur das Klima zu schützen, sondern auch die technologische Innovationsfähigkeit der Wirtschaft weiter unter Beweis stellen zu können. Eine Vielzahl dezentraler Maßnahmen, etwa die Altbausanierung, die Montage von Photovoltaikanlagen oder Arbeiten an Heizsystemen, sind ein regelrechter regionaler Wirtschaftsmotor.

Mancher steht der Energiewende viel kritischer gegenüber. Sonne und Wind sind nicht immer verfügbar, das Angebot schwankt stark. Die Speicherung von Strom bleibt schwierig und nach den derzeitigen Ausbauplänen sind große Stromtrassen quer durch das Land erforderlich, um die Versorgung überall sicherzustellen. Dem dafür notwendigen Ausbau hinken wir derzeit weit hinterher und deshalb ist auch hier zu überlegen, wie viel der Energieversorgung dezentral, also vor Ort geschaffen werden kann. Mancher sieht die größte Gefahr hingegen in einer Kostenexplosion durch die Umstellung auf erneuerbare Energien, hin und wieder wird sogar der große Blackout im Winter befürchtet. Andere Gruppen wiederum wehren sich gegen die Landschaftsverschandelung etwa durch Windräder. Man stellt fest, dass die Anzahl der Bedenkenträger nicht klein ist und derzeit auch nicht kleiner wird.

Eine Energiewende dieses Ausmaßes muss als ein Generationenprojekt verstanden werden. Ein Generationenprojekt, das noch kein Land dieser Welt durchgeführt hat, so dass man auch nirgends etwas abgucken kann. Die bestehende und auf die Nutzung fossiler Energieträger abgestimmte Infrastruktur, die uns heute unser recht angenehmes Leben ermöglicht, muss sukzessive umgebaut werden. Das ist neben der technischen auch eine politische Mammutaufgabe, denn die Interessenkonflikte sind riesig. Eine politische Richtlinie kann nun mal nicht allen gefallen und aus einer solchen Lage heraus kann es leicht passieren, dass man Gefahr läuft, einen sehr kurvigen und von Ausnahmen durchsetzten Weg einzuschlagen. Auch verschiedene Zuständigkeiten machen die Findung der Rahmenbedingungen für die Energiewende nicht gerade leichter. Wenn ein Umwelt- und ein Wirtschaftsministerium, die sich aus althergebrachtem Verständnis – vorsichtig formuliert: manchmal – als Kontrapunkte sehen, gemeinsam eine Energiewende organisieren müssen, dann sind Reibungsverluste erwartbar, denkbar und erkennbar. So manches Mal möchte man rufen: Wie wär's mit einem Energieministerium?

Deutschland beabsichtigt derzeit, den Anteil erneuerbarer Energien am Bruttoendenergieverbrauch von knapp 13 Prozent Ende 2012 auf 60 Prozent bis 2050 zu steigern. Gleichzeitig soll der Anteil von Wind, Sonne und Co. an der Stromversorgung bis 2020 auf 35 Prozent (2012: 23 Prozent) und bis 2050 auf 80 Prozent klettern. Der Primärenergieverbrauch soll parallel dazu bis 2020 um 20 Prozent und bis 2050 um 50 Prozent reduziert werden – die umweltfreundlichste Energie ist die, die durch Energiesparen nie produziert werden muss. Weitere Maßnahmen sind diese: Senkung des Bruttostromverbrauchs um 25 Prozent gegenüber 2008 im Jahre 2050; im Verkehrssektor soll der Endenergieverbrauch bis 2020 um zehn Prozent und bis 2050 um 40 Prozent gegenüber 2005 zurückgehen. Beim Gebäudebestand ist eine Reduktion des Wärmebedarfs um 20 Prozent bis 2020 und 80 Prozent bis 2050 angedacht und die Sanierungsraten für Altbauten sollen von ein auf zwei Prozent bis 2020 verdoppelt werden.

Derzeit ist dieser Trend bei der Sanierung jedoch nicht zu erkennen, obwohl sich hier laut Fachverband Wärmedämm-Verbundsysteme ein erhebliches Sparpotenzial befindet. Haben 2012 alle Kernkraftwerke in Deutschland gemeinsam rund 100 Terawattstunden (eine Terawattstunde entspricht einer Milliarde Kilowattstunden) Energie produziert, so liegt das wirtschaftliche Einsparpotenzial durch energieeffizientere Gebäude bei etwa 700 Terawattstunden, also siebenmal so hoch. Legt man ein 120-Quadratmeter-Einfamilienhaus aus den 1950er Jahren zugrunde, so beträgt die mögliche Ersparnis durch die energetische Sanierung laut Verband rund 2000 Euro pro Jahr. Ressourcen- und Klimaschutz sind also oft auch ein monetärer Gewinn.

Nun ist das Wort Gewinn gefallen, doch vieles im Zusammenhang mit der Energiewende kostet eben auch. Hiermit sind wir zweifellos im emotionalen Zentrum der Thematik angekommen. Just in dem Moment, in dem das Generationenprojekt nämlich konkretes Handeln und damit Investitionen erforderte, fingen die Streitigkeiten an. Wer welchen Beitrag leisten muss beschäftigte nicht nur die Konzerne und die Politik, sondern schnell auch die Medien und damit selbstverständlich die Bevölkerung. Und auch wenn wir die meiste Energie gar nicht für die Stromproduktion, sondern für das Heizen und Kühlen unserer Räume verwenden, so sausten die steigenden Stromkosten ungebremst in den medialen Focus und rasch verbreitete sich die Angst, dass etwa Wind und Sonne zu unbezahlbar teurem Strom führen werden.

Nun kommt das Paradoxe: Wenn man sich an den Strombörsen umschaut, dann ist das Gegenteil der Fall, denn der Großhandelspreis für Strom wird dort immer billiger! Im August 2013 kostete die Kilowattstunde dort gerade mal 3,7 Cent, selbst die Erzeuger haben für 2013 noch mit fünf Cent kalkuliert. 2008 zahlte man übrigens noch knapp neun Cent für die Kilowattstunde. Der Grund für die Verbilligung des Stroms an der Börse ist … der Einsatz der Erneuerbaren! Allein 2012 wurden etwa 7,6 Gigawatt (ein Gigawatt entspricht einer Million Kilowatt) an neuen Photovoltaikanlagen installiert, ein weit über den politischen Erwartungen liegender Wert. Deutschland ist damit weltweit führend und hatte Mitte 2013 etwa 34 Gigawatt an Solarenergie installiert. Die Folge: Im sehr sonnigen Juli 2013 wurde ein unglaublicher Wert von 5,1 Terawattstunden von den deutschen Solaranlagen produziert. Und viel Angebot heißt eben günstiger Preis.

Doch warum müssen wir immer mehr für den Strom zahlen, wenn er durch die erneuerbaren Energien doch eigentlich immer billiger wird? Die Antwort ist einfach: Weil es das Erneuerbare Energien Gesetz (EEG) gibt. Dort ist festgeschrieben, dass die Netzeinspeisung von erneuerbar erzeugtem Strom Vorrang hat und es dafür eine festgesetzte Vergütung für den Anlagenbesitzer gibt. Ein solches Gesetz hat das Ziel, den Ausbau der Erneuerbaren zu Beginn anzukurbeln. Durch den starken Zubau wird die Diskrepanz zwischen Börsenstrompreis und Einspeisevergütung heute aber immer größer und eben diese Differenz zahlt die Allgemeinheit. Oder anders und am Beispiel Solarenergie ausgedrückt: Je mehr Solaranlagen installiert werden, desto billiger wird der Strom, aber desto höher muss gleichzeitig die EEG-Umlage ausfallen, um eben diese Differenz zwischen Börsenpreis und Einspeisevergütung auszugleichen.

Es sind also nicht die Erneuerbaren »schuld« am Strompreisanstieg, sondern die Art und Weise, wie sie gefördert werden.

Weil der Ausbau der Photovoltaik weit über den Erwartungen lag, musste die EEG-Umlage jüngst auch deutlich angepasst werden, um die versprochenen Vergütungen finanzieren zu können. Als diese Umlage dann um 47 Prozent von 3,59 auf 5,28 Cent pro Kilowattstunde stieg, war der Aufschrei vorprogrammiert. Laut trend:research, einem Institut für Trend- und Marktforschung in Bremen, lässt sich anhand verschiedener Szenarien ermitteln, dass die Umlage bis 2015 wohl einen Wert zwischen 5,44 und 6,34 Cent pro Kilowattstunde erreichen wird, da die sogenannte Strompreisbremse (sie hätte den Wert von 5,28 Cent fixiert) politisch vorerst gescheitert ist. Ein zweiter großer Kritikpunkt sind die Ausnahmeregelungen. Vor allem jene Industrien mit hohem Stromverbrauch sind aus Gründen der internationalen Konkurrenzfähigkeit von der Umlage befreit – die Kleinverbraucher tragen die Kosten der Großverbraucher dann aber natürlich mit. Die Zahl der Anträge für eine Befreiung von der EEG-Umlage für 2014 nahm beachtliche Ausmaße an: Laut Bundesregierung sehen 2367 Industriestandorte für sich eine Ausnahmesituation. Eine »Befreiung« bedeutet dabei eine Reduktion des Satzes von 5,28 auf 0,05 Cent pro Kilowattstunde.

Der Bruttostrompreis für uns Normalverbraucher lag im April 2013 übrigens bei 28,73 Cent pro Kilowattstunde, im Jahr 2000 waren es noch 13,94 Cent – ein Anstieg um 106 Prozent. Legt man die Investitionskosten für eine Solaranlage um, so kostet der Strom zwischen zehn und 14 Cent pro Kilowattstunde und ist damit deutlich billiger als der aus dem Netz. Langfristig wird dieser Preisvorteil natürlich wachsen, da die Strompreise wohl kaum stabil bleiben werden.

Einen etwas anderen Weg hat unser Nachbarland Schweiz gewählt, wo der Strom aus erneuerbaren Energien ebenfalls gefördert wird. Hier heißt die Förderung KEV (Kostendeckende Einspeisevergütung). Im Gegensatz zum deutschen EEG ist der finanzielle Gesamtumfang der Förderung gedeckelt. Kommen nun mehr Anlagenbesitzer hinzu, als es die Fördersumme zulässt, so ergibt sich eine Wartezeit – im August 2012 standen 26000 Anlagen, meist kleine Photovoltaikanlagen, auf dieser Liste. Ein deutlicher Kostenanstieg durch die Förderung kann so von vornherein verhindert werden, Wartezeiten können andererseits aber auch zur Abkehr von Sonne oder Wind führen.

Zurück zu den Stromkosten in Deutschland: Unabhängig von den oben gemachten Anmerkungen zur Strompreisgestaltung ist ein weiterer Grund für den ansteigenden Strompreis auszumachen, der jedoch im Gegensatz zur EEG-Umlage nicht auf der Stromrechnung ausgewiesen ist: die Förderung konventioneller Energie. Denn auch Atom- und Kohlestrom werden gefördert, nur verstecken sich deren Förderungen in unseren Steuern. Der Fairness halber sollten auch diese Posten transparent auf der Stromrechnung ausgewiesen werden. Nach einer Studie vom Bundesverband WindEnergie und von Greenpeace Energy aus dem Jahre 2012 wurden bei der Stromerzeugung von 1970 bis 2012 54 Milliarden Euro für die Förderung der Erneuerbaren Energien ausgegeben, 65 Milliarden Euro für Braunkohle, 177 Milliarden Euro für die Steinkohle und 187 Milliarden Euro für den Atomstrom. Diese Zahlen sind geeignet, die Verhältnisse wieder etwas zurechtzurücken. Obendrein ist noch ein weiteres Argument anzuführen: Das EEG ist nur ein befristetes Instrument, um die erneuerbare Energie marktreif zu machen, danach fallen hier keine Kosten mehr an. Anders verhält es sich bei der Energie durch Kohle, bei der etwa die Grubenwasserhaltung für »Ewigkosten« sorgt; oder erst recht bei der Atomenergie, wo Endlagerstätten für radioaktive Abfälle gefunden, betrieben und überwacht werden müssen – und das aus heutiger Sicht ebenfalls für »Ewigkeiten«.

Greifen wir zum Schluss aber noch einmal den Hauptgrund für den medialen Hype um die steigenden Stromkosten auf, nämlich den Anstieg der EEG-Umlage von 3,59 auf 5,28 Cent pro Kilowattstunde. Rechnet man trotz aller Kritik am EEG ganz nüchtern mit den aktuellen Zahlen, so ergibt sich folgendes Bild: Der Anstieg beträgt 1,69 Cent pro Kilowattstunde und ein durchschnittlicher Drei-Personen-Haushalt in Deutschland verbraucht 4000 Kilowattstunden im Jahr. Dieser Anstieg verursacht also jährliche Mehrkosten von 67,60 Euro oder 5,63 Euro im Monat. Geht man also monatlich einmal weniger in das Fastfoodrestaurant seines Vertrauens, so hat man die gesamten Kosten wieder raus. Sicherlich ist die Feststellung richtig, dass bei steigendem Strompreis auch das Fahren mit Bus und Bahn teurer wird und dass selbst Brötchen und andere Lebensmittel durch die teurere Produktion am Ende im Preis steigen werden. Doch steht trotzdem außer Zweifel, dass der Betrag, über den wir diskutieren, nicht völlig ausufernd ist. Hinzu kommt: Ist es in irgendeiner Weise berechtigt anzunehmen, dass bei einem Verzicht auf Sonne oder Wind die Strompreise auf Jahre hinaus konstant bleiben? Wohl kaum. Und dann können wir von den zusätzlichen Kosten wieder einiges – vielleicht sogar alles – abziehen.

Der eine oder andere mag an dieser Stelle vielleicht auf einen nur wenig oder gar nicht ansteigenden Öl- oder Erdgaspreis hinweisen. Grund dafür sind die USA, die durch die sogenannte Fracking-Technik 2013 wohl erstmals mehr Erdöl fördern als importieren. Der dort flächendeckende Einsatz des Frackings hat zudem zu einer deutlich höheren Förderung beim Erdgas geführt, so dass hier ein massiver Preisverfall zu beobachten ist. Fracking (oder Hydraulic Fracturing, deutsch: hydraulisches Aufbrechen) ist eine Methode vor allem der Erdöl- und Erdgasförderung, die bereits 1947 erstmals im US-Bundesstaat Kansas ausprobiert wurde. Dabei wird bei Tiefbohrungen eine Flüssigkeit eingepresst, um beispielsweise im Schiefergestein Risse zu erzeugen und es aufzuweiten. Das Gestein wird somit durchlässiger und Gas und Öl können leichter zur Bohrung fließen, was die Förderung wirtschaftlicher macht.

In Deutschland und auch in anderen Ländern ist das Thema ebenfalls viel diskutiert, Kritiker weisen aber auf zahlreiche mögliche Umweltschäden hin. Das mit Chemikalien versetzte Bohrwasser kann Grund- und Oberflächenwasser verschmutzen, verschiedene Stoffe können aus ihren Lagerstätten in andere Schichten gelangen und neben einer Lärmbelastung durch den Prozess selbst stellt auch die Entsorgung des verunreinigten Abwassers oft ein großes Problem dar. Außerdem benötigt man pro Bohrplatz etwa 1,5 bis zwei Hektar Fläche. Es gilt also wieder einmal, Wirtschaftlichkeit und Risiko (inklusive Klimaschädlichkeit) einer Maßnahme in ein vernünftiges Verhältnis zu setzen und dann zu einer gesetzlichen Regelung zu gelangen. Länder wie Frankreich oder Bulgarien haben Fracking bereits verboten, in Deutschland gibt es bislang kein Gesetz, allerdings einen Entwurf vom BUND zu einem Verbotsgesetz.

Zum Schluss noch ein Satz zur oft erwähnten Landschaftsverschandelung durch Windräder: Wir alle wollen es warm und unseren Strom aus der Steckdose haben. Gleichzeitig will aber niemand ein Kohlekraftwerk, Windrad, Atomkraftwerk oder gar eine Endlagerstätte für Atommüll in seiner Nähe haben. Spätestens hier muss man schmunzeln und feststellen, dass diesem Anspruch physikalisch schlicht nicht gerecht zu werden ist, schließlich muss Energie nun einmal erzeugt werden. Fühlt man sich optisch von einem Windrad belästigt, so ist es empfehlenswert, auch mal auf die Strommasten in der Umgebung zu achten. Die sind auch nicht viel schöner und sind vor allem durch kilometerlange Leitungen miteinander verbunden, die die Landschaft durchschneiden. Es gibt aber einen riesigen Unterschied: Der Strommast war »immer« schon da, er gehört seit unserer Kindheit zum Landschaftsbild und stört uns deshalb nicht. Das Windrad ist hingegen neu und damit ein Landschaftsverschandler. Allerdings: Windräder drehen sich, machen Geräusche und werfen bewegte Schatten.

Weil eben alles seine Vor- und Nachteile hat, soll hier deutlich gesagt sein: Es geht nicht darum zu sagen, dass jeder von uns jedes irgendwo stehende Windrad oder jeden geplanten Windpark ertragen muss. Obige Überlegungen sollen nur zeigen, dass bei allem Protestwillen auch die Realitäten mitbeachtet werden sollten, um am Ende überhaupt einen Kompromiss finden zu können. Das zu ermöglichen ist wieder die Aufgabe der Politik: Welche Abstände hoher Windräder zu Siedlungsgebieten sind verkraftbar und wo werden Grenzen für die Anwohner wirklich überschritten? Wie kann man die Bürger mit einbeziehen (viele kleinere Ansiedlungen bieten sehr gelungene Beispiele) und am Gewinn durch die Windenergie beteiligen? Geld macht sexy, das gilt auch für eine große Windmühle! Aber keine Frage: Genau wie bei konventioneller Energie wollen auch Unternehmen mit den Erneuerbaren viel Geld verdienen und haben ihre Lobbys. Deshalb muss aufgepasst werden und unkontrollierter Landschaftsverkauf für Wind, Sonne oder Biomasse verhindert werden. Wie immer müssen also Regeln und Rahmenbedingungen gefunden werden, die wirtschaftliche Interessen aller Art und das Gemeinwohl so gut wie möglich in Einklang bringen. Das gilt für konventionelle und für erneuerbare Energie gleichermaßen, auch wenn es vielen von uns sicher lieber ist, wenn jemand dadurch reich wird, dass er die Umwelt sauber hält, als dadurch, dass er sie verschmutzt.

Es ist völlig klar, dass das kleine Deutschland durch seine Energiewende nicht »die Welt retten« kann. Aber wenn wir es schaffen sollten, etwas Vernünftiges auf die Beine zu stellen, und China und andere Länder uns nachahmen, dann kann das schon ein großer Schritt in die richtige Richtung sein.

Smog in Peking – Chinas Kampf gegen die Emissionen und unser Umgang mit den Ankerländern

In China beobachtet man unser Vorhaben »Energiewende in einem Industrieland« mit Argusaugen. Und das hat einen einfachen Grund: Die Chinesen wollen wieder besser atmen können! Im Januar 2013 gab es gespenstische Bilder aus Peking. Dichter Smog hüllte die Stadt wochenlang ein, die Sichtweite war oft so gering wie in dichtem Novembernebel und nur noch wenige Menschen gingen nach draußen. Wer dennoch vor die Tür treten musste, für den war ein Mundschutz obligatorisch, um überhaupt atmen zu können. Mit vernünftiger Lebensqualität hat das nicht mehr viel zu tun – die Sterblichkeitsrate stieg in diesen Tagen auch deutlich an. Die Feinstaubbelastung ist in China nunmehr zur vierthäufigsten Todesursache avanciert hinter den Risiken durch falsche Ernährung, Bluthochdruck und Rauchen.

Die Wetterlage, die diesen extremen Smog verursacht hat, war für die Region keinesfalls ungewöhnlich. Ein Winterhoch mit wenig Luftbewegung hatte sich über Peking festgesetzt und so konnten sich Schadstoffe rasch in der Atmosphäre ansammeln. Das Problem: Die Einwohnerzahl ist seit 1998 von zwölf auf 21 Millionen gewachsen oder besser gesagt explodiert. Die Anzahl der sich im täglichen »Stop-and-Go«-Verkehr durch die Stadt schiebenden Autos hat sich in dieser Zeit von einer auf über fünf Millionen Fahrzeuge erhöht. In Peking gibt es zudem über zwei Millionen kleinerer Kohleöfen, außerdem sind viele Fabriken in der Innenstadt angesiedelt. Vier große Kohlekraftwerke produzieren im Wesentlichen die notwendige Energie für die Metropole. Das ist nicht untypisch, denn in China werden immer noch 67 Prozent der Energie und 78 Prozent des Stroms aus Kohleverbrennung gewonnen.

Die Feinstaubkonzentration »PM2.5« – das sind die Schwebteilchen mit einem Durchmesser unterhalb von 2,5 Mikrometern – stieg im Januar 2013 auf den unrühmlichen Rekordwert von 884 Mikrogramm pro Kubikmeter Luft ($\mu g/m^3$) an. Zum Vergleich: Der chinesische Grenzwert liegt bei 75, als gesundheitsschädlich stufen die Chinesen einen Wert von 150 $\mu g/m^3$ Luft ein. Ganz anders die Weltgesundheitsorganisation (WHO), die angesichts der erheblichen Gesundheitsgefahren dieses krebserregenden Feinstaubs bereits einen Grenzwert im Tagesmittel von 25 $\mu g/m^3$ Luft angibt. Kurzum: Die Werte in Peking lagen schlicht jenseits aller Erträglichkeit.

China macht die gleiche Entwicklung durch wie viele Industrieländer zuvor. Jahrzehntelang wurde vorwiegend auf die Industrie und die Schaffung vieler Arbeitsplätze gesetzt. Mit dem Wirtschaftsboom trachteten die Menschen im Land verständlicherweise nach einem höheren Lebensstandard und so wuchs der Energiebedarf ins Unermessliche. Es ist kein Wunder, dass China die USA bei der Emission von Kohlendioxid längst überholt hat, denn allein im Jahr 2006 wurde an jedem zweiten Tag ein neues Kohlekraftwerk der 500-Megawatt-Klasse in Betrieb genommen. Nochmal: jeden zweiten Tag! Smog, verseuchte Böden, vergiftete Flüsse – das sind die sichtbaren Folgen der Vernachlässigung der Umwelt im Reich der Mitte. Der einzige »Vorteil« davon, wenn man es so nennen darf: Es ist für jeden sichtbar, dass ein »Weiter so« zum absoluten Kollaps führt, der das Land unweigerlich weit zurückwerfen würde. Weil so etwas aber niemand wollen kann, ist genau das der (späte) Zeitpunkt, an dem wir Menschen reagieren.

Und reagieren kann man in China! Denn viele Veränderungen laufen dort im Zeitraffer ab. Ein typisches Beispiel, wie rasch die Dinge in China gehen können, ist etwa die Durchsetzung von Emissionsbeschränkungen für Autos. Erstmalig gab es so etwas im Jahr 2000, und am 1. März 2013 wurde bereits die China-V-Norm eingeführt, die mit der Euro-5-Norm vergleichbar ist. Europa benötigte dafür rund doppelt so lange. Nur leider »überholt« das Wachstum der chinesischen Autoflotte alle Maßnahmen gegen die Emissionen des einzelnen

Fahrzeugs, so dass in der Summe trotzdem immer mehr Abgase in die Luft gepustet werden.

China hat sich viel vorgenommen. Die Regierung in Peking hat – wohl beeindruckt durch die aktuellen Erfahrungen in ihrer Hauptstadt – einen Zehn-Punkte-Plan beschlossen. Im Kern gibt dieser vor, den Schadstoffausstoß des Landes bis zum Jahr 2017 um mindestens 30 Prozent zu senken – darunter fällt auch das Kohlendioxid. Bisher belaufen sich die jährlichen Ausgaben für den Umweltschutz in China auf umgerechnet 91 Milliarden Euro, das entspricht einem Anteil von rund 1,3 Prozent des Bruttoinlandsproduktes (BIP). Ein übrigens prozentual gut mit Deutschland vergleichbarer Wert. Weil die Weltbank aber errechnet hat, dass die derzeitige Umweltverschmutzung Kosten von jährlich rund sechs Prozent der Wirtschaftsleistung verursacht, hat man kurzerhand beschlossen, den Anteil von 1,3 Prozent um das Vierfache zu erhöhen, um den Zielen gerecht werden zu können. Da muss sich Europa kräftig ins Zeug legen, um nicht in Zukunft auch noch an dieser Stelle von China überholt zu werden.

Zum Schluss: Manchmal meinen wir ja, der Energiehunger Chinas oder auch Indiens und weiterer Ankerländer dieser Welt und die damit einhergehenden Emissionen würden all unsere Klimamaßnahmen konterkarieren – oft mit dem Tenor, dass wir es ja dann auch gleich lassen können. Deshalb sei an dieser Stelle noch mal deutlich angemerkt: Es gibt mehr Chinesen als Deutsche! Folglich sind bei den Emissionen nur die Pro-Kopf-Vergleiche aussagekräftig. Und da lagen wir Deutschen 2012 bei 10,2 Tonnen CO_2, die Amerikaner bei 18,1. Die Inder fanden sich bei 1,4 und die Chinesen bei 6,9 Tonnen CO_2 pro Kopf wieder – Letztere jedoch mit deutlich steigender Tendenz. So verraten uns diese Zahlen, dass wir erstmal ordentlich weiter reduzieren müssten, um überhaupt auf Augenhöhe miteinander verhandeln zu können. Es gibt also keinen Grund, den durchaus vorhandenen Erfolg des eigenen Tuns hochzujubeln, allein schon deswegen nicht, weil wir auch einen Großteil unserer Produkte in China fertigen lassen. Diese Emissionen müssten ja eigentlich uns und eben nicht den Chinesen angelastet werden.

Auf den großen internationalen Klimakonferenzen hat eigentlich niemand einen Grund, auf den jeweils anderen zu zeigen und Vorwürfe zu erheben. Die Industrieländer haben zuerst mit der Schadstoffemission angefangen und dürfen folglich auch zuerst aufhören. Die Ankerländer haben derzeit aber einen so starken Anstieg, dass ohne ihre Beteiligung kein weltweit positives Ergebnis erzielt werden kann. Wir sitzen also alle in einem Boot und brauchen einen Kompromiss. Wie wäre es damit: Die Industrieländer beginnen wirklich mit einem drastischen Emissionsrückgang und gestehen den Ankerländern noch so lange ansteigende Werte zu, bis sie unsere stark sinkenden Emissionswerte erreichen. Und dann müssten alle gemeinsam runter. Das wäre ein Kompromiss, der die jeweils andere Seite unter Zugzwang bringt. So lange wir keine solche oder ähnliche Idee haben, wird weiterhin jeder auf den anderen zeigen und sagen: »Bevor du nicht anfängst, mache ich auch nichts.« Diese wenig hilfreiche Haltung zu überwinden, darin liegt – jenseits aller technischen Herausforderungen – die wirkliche globale Jahrhundertaufgabe bezogen auf Klimawandel und Energiewende. Und da mag es kein Nachteil sein, wenn jeder für sich – in Peking oder sonstwo – die negativen Folgen seines eigenen Handelns als kleine oder notfalls größere Warnung spürt …

Träger Temperaturanstieg – was verbirgt sich hinter der Stagnation?

Ihr Thermometer zeigt null Grad, es ist bedeckt und nasser Schnee fällt. Wir haben Schmuddelwetter in Deutschland und vielleicht ist das ein guter Moment, unser Buch in den Händen zu halten und genau dieses Kapitel zu lesen. Vielleicht wünschen Sie sich auch still und leise, dass der Klimawandel sich da draußen doch am besten gleich durchsetzen würde, dann würde der Schnee wenigstens nicht liegen bleiben. Je kälter es draußen ist, umso größer wird bisweilen der persönliche Wunsch nach einer regionalen Erwärmung. Es ist in unseren Breiten nicht so einfach, die Probleme eines globalen Temperaturanstiegs zu diskutieren, wenn mit dem Klimawandel die Hoffnung auf wärmeres Wetter verknüpft wird. »Wo ist der Klimawandel, wenn man ihn mal braucht?« Diese Frage hört man gerade an kalten Tagen häufiger. Und weil wir in Deutschland immer noch so viele Schmuddeltage haben – und wir müssen leider an dieser Stelle sagen: auch weiterhin haben werden –, fällt es leicht zu glauben, der Klimawandel fände nicht statt. Dann liest man die Meldungen zum fünften IPCC-Sachstandsbericht und erfährt, dass sich die mittleren Jahrestemperaturen auf der Erde je nach Ermittlung der Trendwerte in den letzten rund zehn Jahren kaum verändert haben, und fühlt sich mit dem Blick aus dem Fenster in seiner Wahrnehmung bestätigt. Und doch ist da draußen einiges anders als früher.

Zu den Fakten: Es stimmt tatsächlich. Seit etwa 2003 stagniert die globale Temperatur bezogen auf die Mittelwerte der zurückliegenden Jahre. Doch dann folgen gleich mehrere »Aber«. Zunächst einmal gibt es nicht die eine richtige globale Mitteltemperatur. Man hat nun einmal keine Temperaturmessungen von wirklich jedem Punkt der Erde verfügbar, sondern nur die der Wetterstationen. Diese Messdaten zu Lande und zu Wasser werden dann von einem Modell zu einer globalen Temperatur zusammengefügt. Solche Modelle betreiben die US-amerikanische Raumfahrtbehörde NASA (GISS), der amerikanische Wetterdienst NOAA (NCDC) und ein Zusammenschluss des Hadley Centers am britischen MetOffice und der Abteilung Klimaforschung an der East Anglia Universität (HadCRUT3). Durch die unterschiedlichen Modelle kommt es logischerweise auch zu leicht abweichenden Werten. So führen die NASA und NOAA mit ihren Modellen das Jahr 2010 als das bisher wärmste, während HadCRUT3 das Jahr 1998 vorne sieht. Klimaskeptiker haben sich oft diesen Wert herausgenommen, um zu belegen, dass es danach nicht mehr wärmer wurde. Doch entscheidend ist weder ein einzelnes Jahr noch die Frage, welches Modell was errechnet. Beide Aussagen verschwinden hinter einem längerfristigen Trend, der viel mehr über eine Veränderung verrät als ein einzelner Wert.

Und hier wird es spannend: Alle drei Modelle sehen zwar die globale Temperatur seit etwa zehn Jahren (2003) stagnieren oder leicht sinken. Schon für die letzten 15 Jahre zeigen allerdings alle drei Auswertungen einen steigenden Trend. Der 20-Jahre-Trend zeigt einen noch deutlicheren Anstieg und der Trend über 30 Jahre den stärksten. Das ist ein Hinweis darauf, dass bei dem aktuellen Temperaturplateau bisher nur von einem kurzfristigen Trend gesprochen werden kann, keinesfalls von einer großen Trendumkehr. Dazu müssten die Temperaturen weitere 15 Jahre lang sinken.

Das zweite Aber: Auch wenn die Temperaturen global gerade nicht steigen, sie befinden sich auf Rekordniveau. Die Jahre 2011 und 2012 haben zwar keine neuen Höchststände erreicht, gehören aber nach Angaben des Deutschen Wetterdienstes dennoch zu den zwölf wärmsten Jahren auf der Erde seit 1880 (bezogen auf den Klimareferenzzeitraum von 1961 bis 1990). Das Jahr 2012 war auch in Deutschland eines der wärmsten seit 1881: Es rangiert mit einem Jahresmittel von 9,1 Grad Celsius (langjähriges Mittel liegt bei 8,2 Grad Celsius) in der Liste auf Platz 16. Anlässlich der jährlichen Klimapressekonferenz gab der Deutsche Wetterdienst im Juni 2013 zu bedenken, dass nach ihren Auswertungen von den vergangenen 30 Jahren in Deutschland 24 zu warm waren – neun der zehn wärmsten Jahre seit 1881 wurden in den letzten drei Jahrzehnten registriert. Das bestätigt zunächst einmal, dass das aktuelle Temperaturniveau global, aber auch in Deutschland keinesfalls als normal betrachtet werden kann.

Ein zweiter Aspekt kommt hinzu. Führt man sich die globale Temperaturentwicklung der letzten 30 Jahre vor Augen, so fällt auf, dass es bei der Betrachtung einzelner Abschnitte mit einer Länge von rund zehn Jahren immer wieder Plateaus oder sogar leicht rückläufige Trends gegeben hat: So sanken in den Zeiträumen von 1981 bis 1990 und von 1986 bis 1995 die globalen Temperaturen im Mittel leicht. Für seriöse Klimaaussagen muss man jedoch Zeiträume von mindestens 30 Jahren heranziehen. Betrachtet man jedoch die gesamte Entwicklung seit Beginn der Industrialisierung und einschließlich der letzten zehn Jahre, dann geht der Trend der Temperatur nach wie vor nach oben. Da das Klimasystem aber ein chaotisches ist, sind die Schwankungen um diesen Trend herum naturgegebener-

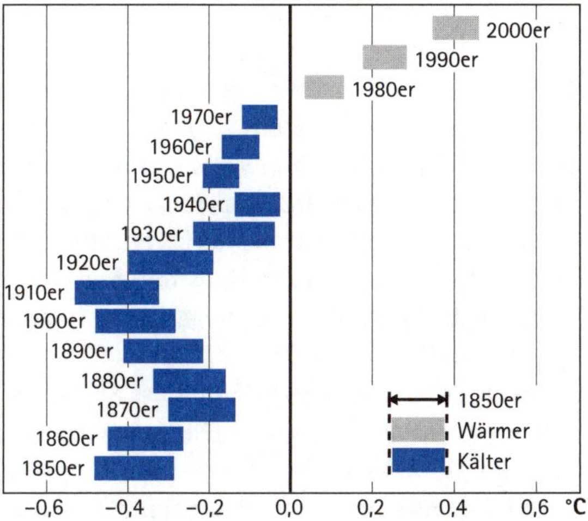

Temperaturdifferenzen gegenüber dem Vergleichszeitraum 1961–1990
Quelle: Hadley Center (MetOffice)

maßen sehr groß. Das zeigt, dass es zur Beurteilung der Entwicklung wichtig ist, den Blick auf das Ganze zu richten.

Doch nicht nur die Betrachtung der Mittelwerte ist von Interesse, sondern auch die extremen Ereignisse können einen Hinweis darauf geben, ob wir eine globale Erwärmung erleben oder nicht: Bei einem stabilen Klima gibt es über alle Jahre hinweg eine gleichmäßige Verteilung von Kälte- und Wärmerekorden, wobei mit der Zeit immer seltener neue Rekorde aufgestellt werden. Eine Auswertung der Rekorde durch ein US-amerikanisches Forscherteam um Professor Gerald Meehl ergab jedoch, dass sich die Anzahl der lokalen Kälte- und Wärmerekorde in den letzten Jahrzehnten weltweit tatsächlich anders verhielt als erwartet. Von 1960 bis 1980 gab es häufiger Kälte- als Wärmerekorde, zwischen 1990 und 2010 aber deutlich mehr Wärme- als Kälterekorde. Auch in Deutschland ist dieser Trend zu beobachten (siehe auch das Kapitel »Orkane, Überschwemmungen, Hitzewellen«). An 60 ausgewerteten deutschen Wetterstationen gab es zwischen 1980 und 1996 27 Dekadenrekorde (also neue Höchstwerte der Temperaturen für einen der drei Zeiträume vom 1. bis 10., 11. bis 20. und 21. bis Ende eines Monats). In der Zeit von 1997 bis 2012 – also als die globale Temperatur sich im Mittel kaum veränderte – waren es mit 54 Rekorden jedoch doppelt so viele.

Fast alle Jahre zwischen 1998 und 2012 gehörten zudem global zu den 20 wärmsten der letzten 130 Jahre. Diese Tatsache spricht ebenfalls dafür, dass es hinter der seit zehn Jahren annähernd stagnierenden globalen Temperatur nach wie vor einen Aufwärtstrend gibt. Um diese Zahlen zu veranschaulichen: Würde die Zahl der Risse in Ihrem Haus mit dem Tempo zunehmen, mit dem die Wetterrekorde steigen, Ihnen wäre Angst und Bange, dass das Haus einstürzt.

Welche Effekte sorgen aber nun dafür, dass die Temperatur eine Phase der Stagnation durchläuft? Hier spielen die Ozeane eine große Rolle, die Sonne eine kleine und die sogenannte »globale Verdunkelung« eine dritte. Beginnen wir mit der mysteriös klingenden globalen Verdunkelung, dem sogenannten »global dimming«. Dahinter verbirgt sich ein von uns Menschen verursachter Effekt, der dämpfend auf eine globale Erwärmung wirkt. Beate Liepert, Forscherin an der Columbia University, stellte in einer Studie 2002 Überraschendes fest: Die Menge Sonnenlicht, die die Messgeräte der Bodenstationen in den Vereinigten Staaten erreichte, ging in der Klimareferenzzeit 1961 bis 1990 um vier Prozent zurück. Verursacht wurde dieser Effekt vor allem durch die große Menge an Aerosolen in der Luft. Hierzu zählen Feinstaub und Partikel, wie sie vor allem bei der Verbrennung fossiler und organischer Stoffe entstehen. Nach einer Studie des Schweizer Forschers Prof. Dr. Martin Wild aus dem Jahre 2007 sanken in der Zeit der globalen Verdunkelung zwischen 1958 und 1985 die Tageshöchsttemperaturen – fehlende Sonneneinstrahlung wirkt auf Tageshöchstwerte nämlich stärker als auf die Nachtwerte, die in dieser Zeit auch anstiegen.

Die globale Verdunkelung ist indes gewichen. Seit 1995 – ungefähr mit dem Ende der Wirkung des Pinatubo-Ausbruchs von 1991 und der gleichzeitigen Zunahme von Schadstofffiltern – kommt wieder mehr Sonnenlicht bei uns an, was die Erwärmung nachfolgend beschleunigt hat. Nach Einschätzungen der Forscher Anne-Marie Blackburn und John Cook (www.klimafakten.de) lassen bessere Filteranlagen in den Kraftwerken und Fabriken der Industriestaaten den Ausstoß von Sulfataerosolen, die eine vergleichsweise starke abkühlende Wirkung haben, deutlich sinken. Dass die Temperaturen global in den letzten rund zehn Jahren stagnieren, kann in Teilen durch regionale, abkühlende Effekte in Folge starker Emissionen in Fernost beeinflusst sein. Das genaue Maß dieses Einflusses ist jedoch unbekannt.

Aber nicht nur Aerosolquellen am Boden (Fabriken, Kraftwerke) wirken auf das Klima, auch Quellen in der Luft. Die von Flugzeugen ausgelöste Entwicklung von Kondensstreifen hat die Wolkenmenge einer Studie des Deutschen Zentrums für Luft- und Raumfahrt (DLR) zufolge um 0,1 Prozent ansteigen lassen. Durch diese Wolken wird mehr Sonnenlicht zurück ins Weltall reflektiert, ehe es tiefere Schichte der Troposphäre (also der untersten Luftschicht) erreicht. Wie groß dieser Effekt ist, konnten Wissenschaftler nach den Anschlägen vom 11. September 2001 in den USA beobachten. Das dreitägige komplette Flugverbot führte zu einem Verschwinden der Kondensstreifen und zu einer um 1,1 Grad höheren Temperaturdifferenz zwischen Tag und Nacht. Wie groß die Wirkung der Kondensstreifen auf die globale Temperatur ist, wurde bisher in Studien nicht exakt beziffert. Ein hohes Maß an Luftverkehr könnte aber den globalen Temperaturanstieg aktuell zumindest in kleinen Teilen gebremst haben.

Der entscheidende Faktor für das stagnierende Temperaturniveau liegt aber mit großer Wahrscheinlichkeit an anderer Stelle: im Ozean. Besonders spannend sind hier die Auswirkungen der »El Niño«- und »La Niña«-Ereignisse, bestimmter Strömungsmuster im Wasser des Pazifischen Ozeans. Bei einem »El Niño«-Ereignis ist das Wasser entlang des Äquators im östlichen Pazifik überdurchschnittlich warm, bei »La Niña« überdurchschnittlich kalt. Durch Veränderungen der Luftdruckverteilung über dem südpazifischen Raum lassen sich »El Niño«-Phänomene inzwischen vorhersagen. Die Differenz der Luftdruckwerte auf Tahiti und in Darwin (Australien) beschreiben den Southern Oscillation Index (SOI). Die Luftdruckverteilung und damit die vorherrschenden Winde sind ursächlich für die Entstehung der beiden Ereignisse verantwortlich. Diese ändern sich auf natürliche Weise zyklisch – mögliche Einflüsse durch den Klimawandel sind nicht ausgeschlossen, aber schwer nachzuweisen. Sobald die Winde vor der Westküste Südamerikas deutlich schwächer sind als im Mittel, schwächt sich auch der kalte Humboldtstrom ab und das Wasser kann sich zu einem »El Niño«-Ereignis erwärmen. An diesem Phänomen sieht man sehr gut, wie empfindlich Meeresströmungen und Wassertemperaturen auf Veränderungen in der Atmosphäre reagieren können.

Diese Wechselwirkung geht aber noch einen Schritt weiter: »El Niño« und »La Niña« beeinflussen auch die Lufttemperaturen, und zwar nicht nur in unmittelbarer Umgebung, sondern weltweit. Während »La Niña«-Ereignisse eher zu einer leichten globalen Abkühlung führen, lässt »El Niño« die globale Temperatur ansteigen. Das besonders starke »El Niño«-Ereignis 1998 hinterließ seine Spur in einem sprunghaften globalen Temperaturanstieg. Bis 2013 folgten zwei »La Niña«-Ereignisse, doch die zu erwartende leichte Abkühlung blieb aus. Gleichwohl haben diese Ereignisse möglicherweise den Temperaturanstieg gedämpft und tragen so einen Teil zur Erklärung der aktuellen Stagnation bei.

Ein stärkerer Faktor ist wohl in der Wärmeaufnahme der Ozeane insgesamt zu finden. Die weltweiten Wassermassen ziehen rund 90 Prozent der gesamten Energie im Klimasystem auf sich. Von den restlichen zehn Prozent verbleibt der größte Teil in der Atmosphäre, der Rest wird in den oberen Schichten des Erdbodens aufgenommen. Modellrechnungen des amerikanischen Forschers Gerald Meehl zeigen, dass sich die Energiezufuhr in das gesamte Klimasystem dort verteilt, ohne dass Teile dieser Energie verlorengehen. Wenn die globale Temperatur nun vorübergehend nicht weiter ansteigt, dann wird die überschüssige Wärme zum allergrößten Teil den Ozeanen zugeführt. Nach Einschätzungen von Professor Jochem Marotzke sind der Pazifische Ozean und die südlichen Teile des Indischen und Atlantischen Ozeans wahrscheinlich die Orte, an denen Wärme über Absinkprozesse in große Tiefen befördert wird. Die Ozeane puffern auf diese Weise den Klimawandel. Wie diese Prozesse genau ablaufen und welche Meeresströmungen dafür verantwortlich sind, wird Teil der Forschung kommender Jahre sein. Aktuell gibt es weltweit etwa 3 000 Messsonden im Ozean, die vollautomatisch zwischen der Wasseroberfläche und einer Tiefe von 2 000 Metern pendeln. Um die beschriebenen Effekte in der Tiefsee nachweisen zu können, wird es einer neuen Generation von Sonden bedürfen. Messungen der NOAA zeigen aber schon jetzt, dass die Wassertemperaturen global zwischen 1970 und 2010 um knapp 0,4 Grad gestiegen sind. Die Ozeane nehmen also auf jeden Fall einen Großteil der Wärme auf.

Auch die Sonne könnte eine Rolle bei der Stagnation der globalen Temperatur spielen. Sie durchläuft aktuell einen eher schwachen Zyklus. Wie das Klima reagieren würde, wenn diese Zyklen bis zum Ende des Jahrhunderts durchweg ähnlich schwach ausfallen – was höchst unwahrscheinlich ist – haben Georg Feulner und Stephan Rahmstorf 2010 in einer Studie untersucht. In diesem Fall betrüge die abkühlende Wirkung zwischen 0,1 Grad bis 0,3 Grad. Wohlgemerkt: Auf ein paar schwache Sonnenzyklen sind bislang stets wieder stärkere Zyklen gefolgt. Eine weitere Studie des amerikanischen Klimaforschers Gareth S. Jones von 2012 beziffert die Wirkung mit 0,06 bis 0,13 Grad. Der Effekt einer »schwachen Sonne« ist im Vergleich mit der zu erwartenden Gesamterwärmung von zwei bis sechs Grad also eher verschwindend klein, wird aber von Klimaskeptikern immer wieder als entscheidend angeführt. Wäre der Einfluss der Sonnenzyklen größer und ein schwacher Zyklus daher in der Lage, die Klimaerwärmung vorübergehend auszubremsen, dann würde diese umso stärker wirken, sobald ein normaler Zyklus folgt. Danach sieht es aber nicht aus (siehe dazu die Grafik auf Seite 51 im Kapitel »Kohlendioxid und der Mensch«).

Fast alle heute wissenschaftlich verfügbaren Daten lassen kaum einen anderen Schluss zu: Hinter dem Temperaturplateau der letzten Jahre verbirgt sich weiterhin eine wirksame Erwärmung. Es erscheint daher besonders wichtig zu verstehen, dass sich der Klimawandel eben nicht linear entwickelt. Auch wenn es mit an Sicherheit grenzender Wahrscheinlichkeit in den kommenden Jahrzehnten immer wärmer wird, so schwankt die globale Temperatur im Spiel mit regionalen und globalen Effekten mit unterschiedlichen Wirkungsdauern und Formen beträchtlich hin und her. Der langfristige Trend wird sich kaum aufhalten lassen, auch wenn es draußen für die Jahreszeit gerade zu kalt sein sollte.

Kalte Winter und Erderwärmung – wie geht das zusammen?

Uummannaq, Grönland, 14. Dezember 2009. Auf dem 70. nördlichen Breitengrad geht die Sonne zu dieser Jahreszeit nie auf. Nur dämmrig erscheint das Licht, doch es ist ungewöhnlich mild: plus 11,2 Grad Celsius zeigt das Thermometer, im benachbarten Jacobshavn sind es sogar 12,2 Grad. Normalerweise liegt die Mitteltemperatur im Dezember hier bei –11,3 Grad, im kältesten Monat März sind es sogar nur –15,0 Grad und selbst das Jahresmittel liegt bei frostigen –4,4 Grad.

München, Deutschland, gleicher Tag. Es ist winterlich kalt mit Dauerfrost – die Höchsttemperatur an der Museumsinsel steigt an diesem Tag nicht über –4,6 Grad. In ganz Deutschland wird gefroren.

Wie kann es im winterlich dunklen Grönland denn plötzlich so viel wärmer sein als bei uns? Natürlich ist dieser herausgegriffene Termin ein Einzelereignis und das Wetter (nicht das Klima!, siehe das Kapitel »Wetter und Klima«) hat an diesem Tag eben warme Luft über die Labradorsee zwischen Amerika und Grönland nach Norden gepustet und kalte Luft zu uns befördert. Betrachtet man aber die Winter 2005/2006, 2009/2010 und 2012/2013 – Letzterer ging ja in Deutschland mit einem eisigen März noch in die Verlängerung –, so stellt man fest, dass der Kälte bei uns jeweils eine ungewöhnliche Wärme in Grönland gegenüberstand. Ist das Zufall oder gibt es da einen Zusammenhang? Werden wir diese Situation in Zukunft womöglich öfter erleben? Könnten unsere Winter kälter werden, obwohl die globalen Temperaturen steigen? Oder stimmen die Meldungen von der Erderwärmung vielleicht gar nicht? Kühlt sich der Planet gerade wieder ab und wir sind zufällig die Region, die das als Erste spürt? Gehen wir auf Spurensuche!

Wenn wir an Grönland und die Arktis denken, fällt uns als Erstes wohl das Stichwort Eis ein. Und als Zweites sicher dessen im Vergleich zur Erdgeschichte unglaublich schneller Rückzug. In den letzten 35 Jahren schrumpfte das sommerliche Meereis schließlich um rund 40 Prozent (siehe das Kapitel »Arktis«). Kann es also sein, dass dieser massive Eisrückgang nicht nur vor Ort zu Veränderungen führt, sondern dies auch großräumige Veränderungen der Luftbewegungen in der Atmosphäre nach sich zieht?

Während sich der Rückgang des Eises durch Satellitenbilder noch relativ leicht belegen lässt, ist es bei der Atmosphäre schon etwas komplizierter. Die Luft und – ganz nebenbei bemerkt – auch die in ihr enthaltenen Treibhausgase sind schließlich unsichtbar. Nicht einmal die Masse der Luft nehmen wir wahr, und dennoch ist sie sehr beeindruckend – beträgt sie doch fünf Billiarden Tonnen! Auf jedem Quadratmeter Erde lasten also zehn Tonnen Luft und wir können sehr froh sein, dass wir zumindest mit dieser Form des Drucks gut umgehen können. Aus unserer Perspektive als Bodenlebewesen tun wir uns zudem schwer, die Atmosphäre dreidimensional zu betrachten. Klimaänderungen gibt es nämlich nicht nur am Boden, sondern ebenfalls in beispielsweise sechs, zwölf, 20 oder 50 Kilometern Höhe. Auch hier können sich Temperaturen und Luftströmungen durch unser Zutun verändern.

Die gesamte dreidimensionale Atmosphäre mit einzubeziehen ist entscheidend, will man die komplizierten Zusammenhänge verstehen. Dazu gehören Rückkopplungsprozesse, die einsetzende Veränderungen weiter verstärken (positive Rückkopplung) oder auch abschwächen (negative Rückkopplung). Aber auch komplexe »Fernbeziehungen« spielen eine große Rolle beim Verständnis unserer Lufthülle und des Klimasystems. So kann etwa »El Niño«, eine alle drei bis sieben Jahre besonders stark auftretende Wärmeanomalie des Meerwassers vor der peruanischen Küste, die sich dann im gesamten Ostpazifik auswirkt, die Witterung in Australien oder den USA maßgeblich beeinflussen. Weit entfernte Regionen »wissen« somit voneinander. Auch wenn die Witterung in Europa kaum mit »El Niño« verknüpft ist, so hat doch fast jedes El-Niño-Ereignis in den vergangenen 50 Jahren einen Schub bei der globalen Erwärmung nach sich gezogen (dazu mehr im Kapitel »Träger Temperaturanstieg«).

Dieses Kapitel erzählt davon, wie die derzeitige Erderwärmung die Wahrscheinlichkeit für kalte Winter bei uns in Zukunft etwa dreimal höher werden lassen könnte als bisher. Im ersten Moment klingt das ziemlich widersprüchlich und man ist sogar geneigt den Klimaforschern vorzuwerfen, sie würden nun auf völlig aberwitzige Erklärungen zurückgreifen, um nicht erfüllte Projektionen im Nachgang zu rechtfertigen. Im zweiten Moment sieht man klarer: Erstens sind viele Prognosen der Klimafachleute eingetreten, wie etwa der Eisrückgang, die globale Temperaturzunahme und auch die Häufung extremer Wetterereignisse auf unserem Planeten zeigen. Zweitens wächst unser Wissen und mit ihm auch die Qualität der Klimaprojektionen sowie das Verständnis der komplizierten Zusammenhänge im Klima-, Ozean- und Erdsystem.

Wie also kommt es zu den möglicherweise zukünftig kälteren Wintern bei uns? Im Sommer nimmt das arktische Meereis derzeit zügig ab. Besonders auffällig war die geringe Eisbedeckung im Winter 2012/2013 übrigens in der Barentssee. Normalerweise wirft die weiße Oberfläche des Eises sehr viel Sonnenenergie zurück in den Weltraum, die sogenannte Albedo (das Rückstrahlvermögen) von Eis oder Schnee ist hoch. Fehlt nun das Eis, so nimmt der dunkle Ozean (geringe Albedo) viel mehr Sonnenwärme auf und seine Temperatur steigt. Im Herbst kühlt sich die Luft über dem Ozean wieder ab und so beginnt der Ozean, seine Wärme allmählich an die darüberliegenden Luftschichten abzugeben. Messungen belegen diese herbstliche Erwärmung der arktischen Atmosphäre, wie eine Studie der Forschungsstelle Potsdam des Alfred-Wegener-Instituts zeigt. Durch diese Erwärmung von unten nimmt der Temperaturunterschied zwischen der unteren und oberen Troposphäre zu. Die Troposphäre ist die untere Atmosphärenschicht, in der das Wettergeschehen stattfindet. Sie reicht in polaren Breiten bis in Höhen von rund acht Kilometern, bei uns ist sie etwa zwölf Kilometer hoch. Bei größerem Temperaturunterschied zwischen Boden und Höhe spricht man in der

Meteorologie von »instabileren Verhältnissen«. Und sind die Verhältnisse in der arktischen Troposphäre instabiler, so hat das wiederum Einfluss auf die sogenannten Rossby-Wellen für den folgenden Winter.

Rossby-Wellen wurden benannt nach dem in Schweden geborenen Meteorologen Carl-Gustaf Rossby (1898-1957) und sind großräumige Wellenbewegungen der Luft. In Höhen ab rund 3000 Metern stellen sich horizontale Schwingungen ein, die um den ganzen Erdball reichen. Besonders vom Jetstream, einem Starkwindband in einer Höhe von rund zehn Kilometern, ist diese mäandrierende Strömung bekannt. Die Auslenkung der von West nach Ost verlaufenden Strömung wird durch längenparallel verlaufende Gebirge wie den Rocky Mountains in den USA oder die Verteilung von Land und Meer ausgelöst. Für die entstehende Schwingung ist die Corioliskraft verantwortlich – jene Scheinkraft, die dadurch entsteht, dass die Erde eine sich drehende Kugel ist. Die Welle besteht aus Rücken (Warmluft wird auf der Nordhalbkugel nach Norden befördert) und Trögen (Kaltluft gelangt nach Süden). Die Rossby-Wellen, oft auch planetare Wellen genannt, sind mit etwa 5000 bis 7000 Kilometern meist sehr lang und maßgeblich für die Luftdruckmuster (Lage der Hoch- und Tiefdruckgebiete) am Boden und in der mittleren Atmosphäre verantwortlich.

Und genau diese großräumigen Luftdruckmuster scheinen sich mit der Abnahme des Eises zu verändern, wie verschiedene wissenschaftliche Studien zeigen. So steigt der winterliche Luftdruck über Grönland, Island und Skandinavien ungewöhnlich stark an und sinkt im Bereich der Azoren ab. Die Folge sind ein kalter nordöstlicher Wind und tiefe Temperaturen bei uns, große Wärme hingegen im arktischen Raum und über Grönland, besonders im Bereich der Labradorsee. Auffällig kalt präsentieren sich wiederum Sibirien und ein Streifen in den USA, der von Alaska bis Florida reicht. Im Mittel gleichen sich die positiven und negativen Abweichungen etwa aus.

Ein zweiter Effekt kommt noch hinzu: Offene Wasserflächen machen die Luftmasse feuchter, und wenn mehr Feuchtigkeit in der Luft enthalten ist, kann mehr kondensieren und herausfallen. Winterliche Schneefälle nehmen deshalb in den hohen Breiten zu. Aber auch bei uns dürfte es häufiger schneien, da zu uns transportierte feuchte Luftmassen auf kältere Luft treffen und so die Niederschläge zu Schnee werden. Wenn dieser dann bis in den März hinein liegenbleibt, dämpft das – wegen der hohen Albedo – die zur Verfügung stehende Sonnenenergie und prompt können winterliche Kältephasen bei uns noch weiter verlängert werden.

Natürlich ist auch dieses nur einer von – wie immer in komplexen Systemen – vielen Vorgängen, denn sonst würden die Winter bei uns wegen der Eisabnahme in der Arktis ja kontinuierlich kälter werden. Das wird bekanntermaßen nicht beobachtet, denn auch die Schneebedeckung in Sibirien, sogar tropische Einflüsse und vieles andere mehr haben Bedeutung für den Verlauf eines Winters bei uns. Vor allem aber dürfen wir nicht vergessen, dass dies eine klimatische Mittelwertbetrachtung war. Unser Wetter spielt für die täglichen Schwankungen weiterhin die entscheidende Rolle. Und so wurde es ja auch im langen Winter 2012/2013 zu Weihnachten oder Ende Januar plötzlich unvermittelt Frühling mit verbreitet 15 bis knapp 20 Grad. Doch als die frühe Wärme dann unseren Frühlingswunsch geweckt hatte, kratzte der Winter die Kurve und die nicht enden wollende Kälte kam zurück.

All dies zeigt in der Summe, dass ein kalter Winter bei uns in keiner Weise ein Widerspruch zur globalen Erwärmung ist, sondern eher das Bild des komplexen Klimasystems vervollständigt. Ergänzend sei noch festgehalten, dass diese Phase kalter Winter wahrscheinlich nur ein Zwischenspiel ist. Die Untersuchungen ergeben nämlich, dass dieser Effekt bei einem arktischen Eisrückgang von 40 bis 80 Prozent zu erwarten ist. Ist der Eisschwund größer, so verschwindet er wohl wieder.

Abschließend darf natürlich nie vergessen werden, dass die Kälte bei uns nicht Kälte überall bedeutet. So war der Winter 2012/2013 auf der Nordhalbkugel insgesamt zu warm und nicht zu kalt – denn als wir hier gefroren haben, wurden in weiten Teilen Grönlands und Teilen der Arktis ja die ungewöhnlich milden Werte gemessen.

Extremwetter – was ist das überhaupt?

Fragen Reporter Menschen auf der Straße nach ihrer Einschätzung zu extremen Wetterereignissen, dann kommen oft die gleichen Antworten – die umso klarer und entschiedener ausfallen, je unmittelbarer die Betroffenheit durch ein extremes Wetterereignis gerade ist. In einem zu kalten März, einem zu nassen Mai oder in Anbetracht von Hochwasser ist der subjektive Eindruck oft, dass es viel schlimmer ist als früher. Regelmäßig beginnt dann die öffentliche Diskussion mit der Frage, ob das aktuelle Ereignis eigentlich normal sei oder extrem. Die Antwort lautet dann korrekterweise »jein«. Zum einen gehören extreme Wetterereignisse zwar zum natürlichen Gesamtgeschehen dazu, zum anderen stellen sie stets eine gewaltige Abweichung von der Norm dar. Daher stellt sich die Frage, was extreme Wetterereignisse eigentlich sind und wie man sie definieren kann. Und da wird es schon spannend, denn es gibt keinesfalls die eine gültige Definition. Während –20 Grad in Deutschland extrem sind, sind diese Werte in der Antarktis normal oder sogar zu warm.

Für Versicherungen ist ein extremes Ereignis dann gegeben, wenn die Schadenssummen bestimmte Schwellenwerte überschreiten oder ein Ereignis ein bestimmtes Gefahrenpotenzial hat. Hierbei geht es in der Regel um großflächige Ereignisse, die für Rückversicherer besonders relevant sind. So wird nach dieser Betrachtung ein Hurrikan, der auf dem Ozean verbleibt (in Fachkreisen als »Fischsturm« bezeichnet), nicht als extremes Ereignis in der Statistik auftauchen, während ein Sturm mit gleicher Stärke über Miami wegen der enormen Schäden sehr wohl als extremes Ereignis definiert wird. Diese Definitionsform ist also stark an den Bezug zwischen Mensch und Wetter gekoppelt und sagt relativ wenig über das Wetterereignis an sich aus. Da es für uns Menschen heute technisch möglich ist, in Regionen zu bauen und zu siedeln, die früher dafür als viel zu gefährlich eingestuft wurden, hat unser menschliches Handeln demnach direkten Einfluss auf die Zahl der extremen Ereignisse. Vor 100 Jahren hätte ein Hurrikan in Florida vergleichsweise geringe Schäden angerichtet und wäre kaum in die Versicherungsstatistik als extremes Ereignis eingegangen, da in dieser Region damals nur 30 000 Menschen in sicherer Entfernung zum Meer siedelten. Heute wohnen dort 30 Millionen Menschen. Nimmt nach dieser Definition die Zahl der extremen Ereignisse weltweit zu, dann sagen diese Zahlen in der Regel wenig darüber aus, ob tatsächlich auch die Zahl der Stürme gleicher Stärke zunimmt. Schadenssummen oder Opferzahlen als Schwellenwerte für die Definition von extremen Wetterereignissen anzunehmen, ist daher zur Abschätzung von Risiken in der Wirtschaft und für Versicherungen sinnvoll.

Für das reine Wetterereignis, gleich welche Folgen es hat, werden häufig auch Schwellenwerte zur Definition genutzt – allerdings bezogen auf das Wetterelement an sich. Für den Wind wird meist das Erreichen der Orkanstärke von 118 Stundenkilometern herangezogen. Bei Temperaturen ist das Überschreiten der 35-Grad-Marke beziehungsweise das Unterschreiten von –20 Grad die Definitionsgrenze für extremes Wetter. Beim Niederschlag gelten in Deutschland zehn Liter Regen pro Quadratmeter (l/m^2) binnen sechs Stunden als Starkregen und damit als extremes Ereignis. Gleiches gilt für 20 l/m^2 binnen 24 Stunden und 30 l/m^2 binnen 48 Stunden. Aber auch Trockenheiten über einen Zeitraum von vier Wochen hinweg gelten in Deutschland als extremes Wetterereignis. Die Definition von Schwellenwerten ist dabei von Region zu Region unterschiedlich. Von Deutschland aus betrachtet mögen 20 l/m^2 extrem sein, im üblichen Monsun sind diese Regenmengen hingegen völlig normal und werden, da der Mensch gelernt hat, damit umzugehen, etwa in Indien auch nicht als extrem empfunden. Schwellenwerte sind also besonders nützlich, um regionale Veränderungen zu erfassen, und sie zeigen Grenzen auf, in denen die Atmosphäre einen Zustand erreicht, der das Leben und Überleben massiv erschwert.

Um die Werte über Regionen hinweg zu vergleichen, wird oft das sogenannte fünfte und 95. Perzentil als extrem definiert, das heißt, von 100 Prozent aller Ereignisse werden die unteren fünf Prozent und die oberen fünf Prozent aller Wetterereignisse als extrem angenommen. Von 100 Jahresmitteltemperaturen stellen also die fünf heißesten Jahre und die fünf kältesten Jahre die Extremwerte dar. Die absoluten Werte können dabei von Region zu Region – wie oben beschrieben – unterschiedlich sein. Diese Definition ist besonders hilfreich, wenn es darum geht, die relativen Veränderungen in den Regionen weltweit zu vergleichen. Produziert ein Klimamodell für die kommenden 100 Jahre also beispielsweise bei den jährlichen Mitteltemperaturen eine starke Zunahme im 95. Perzentil, bedeutet dies eine Zunahme der Wahrscheinlichkeit für extrem heiße Jahre.

Bei einer weiteren Variante, Wetterereignisse als extrem zu definieren, wird die Wiederholrate zur Definition herangezogen. Wetterereignisse, die sich im Mittel höchstens alle zehn Jahre ereignen, werden demnach als extrem eingestuft.

Zum Verständnis von extremen Ereignissen ist aus unserer Sicht eine umfassende Betrachtung sehr geeignet, die wie folgt aussehen kann: Extreme Wetterereignisse sind Phänomene, die sich in verändernder Weise mit verschiedenen meteorologischen Eigenschaften durch Zeit und Raum bewegen. Eine viele Wochen lang in ganz Europa anhaltende Phase mit nur wenigen Niederschlägen und mäßig hohen Temperaturen kann demnach ebenso in die Kategorie »extremes Ereignis« passen wie 30 Minuten Mittagshitze mit 35 Grad am Alexanderplatz in Berlin.

An den unterschiedlichen Definitionen sieht man schon, dass es keinesfalls einfach ist, die Frage zu beantworten, ob extreme Wetterereignisse zunehmen – wir versuchen es dennoch im folgenden Kapitel.

Orkane, Überschwemmungen, Hitzewellen – müssen wir mit extremeren Wetterereignissen rechnen?

Wir Menschen sind nicht für die Extreme gemacht. Wir haben keinen Panzer, der uns vor herunterfallenden Ästen schützt; unser Körper muss sich sehr anstrengen, ist er Temperaturen von weit über 30 Grad ausgesetzt; und wir sind keine Lebewesen, deren Heimat die Schlammlawine oder der reißende Fluss wäre. Kurzum: Wir sind verletzlich. Allzu gerne vergessen wir das und werden uns dieser Tatsache erst beim Eintreffen extremer Wetterereignisse wieder bewusst. In der im Juli 2013 veröffentlichten Studie *Das globale Klima 2001-2010 – Eine Dekade der Extreme* dokumentieren 139 staatliche Wetterdienste aus der ganzen Welt ein Jahrzehnt der extremen Wetterereignisse, durch die 370 000 Menschen ums Leben gekommen sind. Das sind 20 Prozent mehr als im Zeitraum von 1991 bis 2000. Aber nicht nur der Mensch ist verletzlich. Auch unsere Behausungen, unsere Infrastruktur oder unsere Energieversorgung nehmen durch extreme Wetterereignisse mitunter großen Schaden. Die größten volkswirtschaftlichen Schäden, die der Klimawandel verursacht, entstehen durch extreme Wetterereignisse, die diese Veränderungen begleiten. Umso wichtiger ist die Antwort auf die Frage: Werden extreme Wetterereignisse zunehmen? Um es gleich vorweg zu sagen: Ja, es gibt extreme Wetterereignisse, die häufiger werden. Aber es gibt auch Ereignisse, die seltener werden oder sich in andere Regionen verlagern.

Es ist also keinesfalls so, dass alles, was wir heute als extremes Wetterphänomen wahrnehmen oder definieren (siehe das Kapitel »Extremwetter«) als Folge des Klimawandels zunimmt. Dass es Veränderungen auch bei den extremen Wetterphänomenen geben muss, wenn sich das Klima generell ändert, liegt auf der Hand. Mehrere Faktoren kommen dabei zusammen: Mit global steigenden Temperaturen gehen eine ganze Reihe von Veränderungen einher, die Auswirkungen auf das Wetter und damit auch die extremen Ereignisse haben. Veränderungen in großräumigen Strömungsmustern können beispielwiese dazu führen, dass sich extreme Wetterphänomene in andere Regionen verlagern. In diesen Gebieten ist dann mit einer erheblichen Zunahme solcher Ereignisse zu rechnen, während Fallzahl und Stärke anderswo abnehmen. Dazu ein paar Beispiele.

Beginnen wir gleich mit einem besonders diffizilen Thema: dem Wind. Gerade die Küstenregionen in Deutschland sind daran interessiert zu wissen, wie sich die Gefahr von Stürmen und Sturmfluten in den kommenden Jahrzehnten entwickeln wird. Begeben wir uns zunächst in die große Wetterküche des Nordatlantiks. Besonders kräftige Sturmtiefs sind hier zu finden. Die stärksten weisen einen Luftdruck auf, der im Kern des Tiefs unter 950 Hektopascal (hPa) sinkt. Auf dem heimischen Barometer ist dieser Wert – wenn überhaupt – meist ganz links zu finden und in der Regel mit den schlechtesten aller Wettersymbole verbunden: Das Barometer steht auf Sturm. Eine Untersuchung des Deutschen Wetterdienstes zeigt, dass es bei der Zahl dieser schweren Stürme immer wieder große Schwankungen über mehrere Jahrzehnte hinweg gibt. So variiert die Zahl der schweren Sturmtiefs mit einem Kerndruck unter 950 hPa von 1956 und 2012 zwischen null im Jahre 1969 und 19 Stürmen im Jahre 1990. Die mittlere Zahl betrug im gesamten Zeitraum 7,7 Stürme pro Jahr. Dabei ist festzustellen, dass der Mittelwert der jeweils letzten 30 Jahre von 4,7 im Jahre 1986 auf 9,5 im Jahr 2012 angestiegen ist. Wir haben also heute im Mittel 4,8 schwere Stürme mehr über dem Nordatlantik als noch zu Beginn der Auswertung.

Anders sieht es in der Deutschen Bucht aus. Eine Untersuchung der Windstärken der Jahre 1880 bis 2012 durch den Deutschen Wetterdienst zeigt, dass hier die mittleren Windgeschwindigkeiten im untersuchten Zeitraum von 42,5 km/h leicht auf 40,2 km/h zurückgegangen sind. Die jeweils stärksten Winde eines Jahres haben in diesem Zeitraum ebenfalls abgenommen. Auch in den letzten Jahrzehnten ist keine signifikante Änderung der mittleren Windgeschwindigkeit in der Nordsee zu beobachten. Stark verkürzt kann man also sagen, dass die Zunahme der Stürme über dem Nordatlantik keine bedeutende Wirkung auf die Entwicklung der mittleren Windgeschwindigkeiten in der Nordsee hat.

Aber wie sieht es für die Zukunft aus? Eine Studie im Rahmen des Forschungsprojektes KLIWAS hat die kommenden Jahrzehnte bis zum Ende des Jahrhunderts untersucht. In diesem Zeitraum erwarten die Modelle eine geringe Zunahme um etwa 0,7 km/h im Jahresmittelwind. Bevor man nun daraus gleich den Schluss zieht, dass der Wind auf der Nordsee wieder zunimmt und Stürme häufiger werden könnten, sollte man diese Zahl zunächst einordnen. Die natürliche Schwankung des jährlichen Mittelwindes hat eine Größenordnung von 18 km/h. Das bedeutet, dass der leicht zunehmende Trend von 0,7 km/h ebenso innerhalb des natürlichen Rauschens liegt wie auch die oben erwähnte Abschwächung um 2,3 km/h zwischen 1880 und 2012. Zudem zeigten sieben der zehn Modellrechnungen keinen oder einen sogar schwach rückläufigen Trend. Nur drei Modelle ließen auf eine leichte Zunahme der Mittelwinde bis zum Ende des Jahrhunderts hin schließen. Es ist also plausibel anzunehmen, dass sich bei den Windgeschwindigkeiten in der Nordsee in den kommenden Jahrzehnten eher wenig ändert und dass die vor uns liegenden Stürme allesamt Teil der natürlichen Variabilität sind.

Für die Zunahme der schweren Stürme auf dem Nordatlantik gibt es indes mehrere Erklärungen. Durch die globale Erwärmung kommen drei Phänomene zusammen, die Auswirkungen auf die Sturmentwicklung haben. Zum einen erwärmen sich die arktischen Regionen deutlich stärker als die tropischen Gebiete am Äquator. Damit geht die Temperaturdifferenz zwischen beiden Regionen zurück. Das wirkt auf die Anzahl starker Stürme eher mindernd. Da warme Luft zweitens aber mehr Feuchtigkeit aufnehmen kann als kalte und bei höherer Feuchte Stürme intensiver ausfallen können, wirkt dieser Faktor gleichzeitig verstärkend auf die Zahl schwerer Stürme. Infolge des Klimawandels ist die mittlere Luftfeuchtigkeit seit 1960 global um 1,3 Prozent gestiegen. Als dritter Faktor kommt hinzu, dass sich die Regionen mit besonders großen Temperaturgegensätzen durch die Erwärmung langsam nordwärts verlagern. In diesen Regionen, etwa an den Grenzen des Packeises, entstehen bevorzugt Tiefdruckgebiete. Möglicherweise werden das Nordmeer und das Nordpolarmeer so in Zukunft mehr Tiefdrucktätigkeit erwarten als beispielweise die Nordsee. Das heißt also: Die Zahl der Stürme in der Nordsee könnte durch eine weitere Erwärmung weiter abnehmen. Gleichzeitig könnten aber diejenigen Stürme, die uns dann erreichen, stärker ausfallen als bisher. Spekulieren kann man viel, einen Trend zu extremeren Windereignissen gibt es an der Nordsee aber aktuell nicht.

Ganz anders sieht es bei den Temperaturen aus. Hier zeigen sich für Deutschland wie für viele Regionen der Welt in den vergangenen Jahren sowohl eine zunehmende Neigung zu extrem hohen Temperaturen als auch eine Abnahme von extrem kalten Tagen. Das zeigt der vierte Sachstandbericht des IPCC (Table 3.8): 70 Prozent der weltweiten Landfläche erlebten seit Mitte des 20. Jahrhunderts weniger kalte Nächte und Frosttage und gleichzeitig eine Zunahme bei den hohen Tages- und Nachttemperaturen. Extreme Kältewellen haben den Beobachtungsdaten nach abgenommen, während Hitzewellen global betrachtet zugenommen haben. Die Zahl der Rekordwertmeldungen liegt weit über dem, was bei einem gleichbleibenden Klima zu erwarten wäre. Eine Auswertung des Instituts für Wetter- und Klimakommunikation (IWK) von 2013 zeigt dieses anhand der Anzahl der Dekadenrekorde. Jeder Monat besteht aus drei Dekaden. Im ersten Jahr des Betriebs einer Wetterstation liefert jede Dekade auch einen Rekordwert. Im zweiten Betriebsjahr ist zu erwarten, dass etwa die Hälfte aller Dekaden einen neuen Rekordwert liefert. Bei einem stabilen Klima nimmt die Zahl neuer Hitzerekorde stetig ab. Irgendwann hat das Wetter auch die extremen Varianten durchgespielt und neuerliche Rekorde werden höchst unwahrscheinlich. Die vom

IWK ausgewerteten 60 Stationen des Deutschen Wetterdienstes zeigen jedoch einen deutlichen Trend: Lag die mittlere Zahl der jährlichen Dekadenrekorde im Zeitraum 1980 bis 1996 noch bei 27, so verdoppelte sich die Zahl im Zeitraum 1997 bis 2012 auf 54 Rekorde. Wohlgemerkt: Ohne Klimawandel wäre ein Rückgang der Rekordzahl zu erwarten gewesen.

29. Juli 2010: Neuer Temperaturrekord in Moskau mit 37,8 Grad. 50 000 Menschen sterben durch Hitze und Waldbrände.

19. Oktober 2012: Mit 26,9 Grad wärmster jemals beobachteter Oktobertag auf dem bayerischen Hohenpeißenberg in knapp 1000 Metern Höhe; neue Tagesrekorde allein an 17 Stationen des Deutschen Wetterdienstes.

Mai 2010: In Pakistan wird mit 53,5 Grad die höchste jemals in Asien gemessene Temperatur erreicht.

28. September 2010: Mit 45 Grad neuer Temperaturrekord in Los Angeles.

Juni 2013: Mit 38,6 Grad wird in Österreich die höchste jemals gemessene Temperatur im Juni registriert.

Man kann diese Reihe beliebig fortführen bis zum letzten Rekord, der es noch in dieses Buch geschafft hat: Am 30. Juni 2013 wird am Furnace Creek im Death Valley in Kalifornien mit 54,4 Grad (130 Grad Fahrenheit) die höchste jemals auf der Erde gemessene Temperatur registriert. Dieses vor dem Hinter-

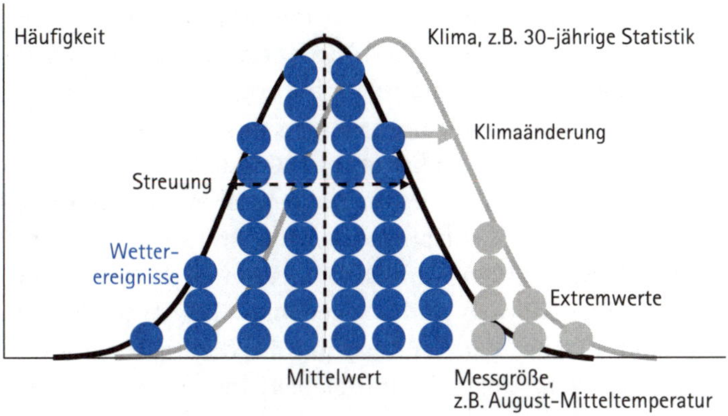

Bei einer Erwärmung des Klimas verändern sich die Wetterereignisse. Extrem hohe Temperaturwerte nehmen zu, tiefe werden seltener.

grund, dass der alte Rekord von 56,7 Grad (gemessen ebenfalls im Death Valley im Juli 1913) als unsichere Messung gilt.

Die Zahl der beobachteten Kälterekorde nimmt hingegen seit Jahren deutlich ab. Betrachtet man die Opferzahlen durch extreme Wetterereignisse, dann stehen Hitzewellen mit Abstand ganz oben auf der Liste. Allein der Hitzesommer 2003 hat in Deutschland nach Angaben der MunichRe 9 000 Menschen das Leben gekostet. 90 Prozent aller Extremwetteropfer in Deutschland sind in unmittelbarer Folge von Hitzewellen verstorben. Winterstürme sind für vier Prozent verantwortlich, ein Prozent je für Überschwemmungen und Blitzschlag. Die restlichen vier Prozent verteilen sich gleichmäßig auf Unwetter, Hagel, Sturzfluten und Kältewellen. Für Deutschland rechnet der Deutsche Wetterdienst bis 2100 mindestens mit einer Verdoppelung der Anzahl heißer Tage mit über 30 Grad. Aktuell sind es je nach Region etwas fünf bis 15 Tage pro Jahr (mehr zu der Thematik auch im Kapitel »Träger Temperaturanstieg«).

Wie bei den hohen Temperaturen ist auch bei den Niederschlägen ein eindeutiger Trend zu häufigeren und stärkeren Extremereignissen sichtbar. Da wärmere Luftmassen mehr Feuchte aufnehmen können, nimmt auch die Neigung zu starken Niederschlägen zu. Betrachtet man die Zahl der Tage mit mehr als 30 Litern Niederschlag pro Quadratmeter (l/m^2) am Hohenpeißenberg, dann lässt sich zweifelsfrei ein solcher Trend erkennen. Im Messzeitraum von 1879 bis 2006 stieg die mittlere Anzahl von Tagen mit Niederschlägen in dieser Größenordnung von etwa 3,5 pro Jahr auf etwa 5,5 an.

Es muss davon ausgegangen werden, dass auch Tiefdruckgebiete, die vom Mittelmeer her über die Ostalpen und Osteuropa hinwegziehen, in Folge höherer Temperaturen mehr Feuchtigkeit aufnehmen und entsprechend häufiger auch zu stärkeren Niederschlägen führen. Verursacht werden diese Wetterereignisse im Wesentlichen durch sogenannte Troglagen: Hierbei liegt Kaltluft über Mitteleuropa, um die herum Tiefdruckgebiete gegen den Uhrzeigersinn ziehen. Die schwere Kaltluft wirkt dabei wie ein Berg, auf den wärmere Luftmassen immer wieder aufgleiten. Kommen diese warmen Luftmassen aus dem

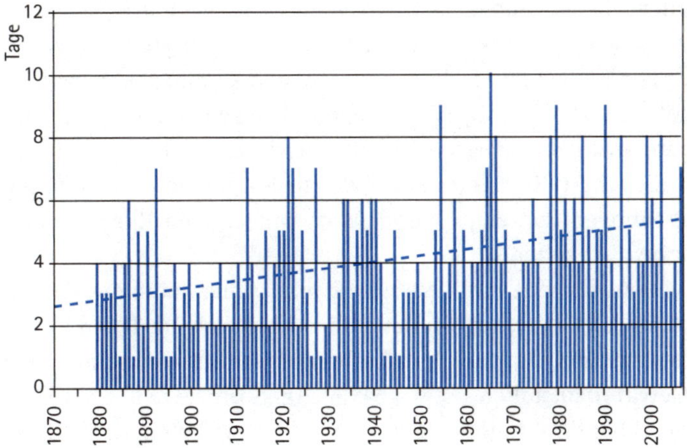

Anzahl der Tage im Jahr mit extrem starken Niederschlägen (über 30 Liter pro Quadratmeter) auf dem Hohenpeißenberg von 1879 bis 2006
Quelle: Deutscher Wetterdienst

Mittelmeerraum und sind entsprechend feucht, kann diese Wetterlage kräftige und lang anhaltende Niederschläge produzieren – Hochwasser ist dann die Folge. Der Deutsche Wetterdienst hat 2009 diese Wetterlagen untersucht und festgestellt, dass in einem normalen Sommerhalbjahr um 1881 etwa 2,7 solcher Troglagen in Mitteleuropa aufgetreten sind. Bis 2009 ist die Fallzahl im Mittel auf neun angestiegen. Die Wahrscheinlichkeit für »Jahrhunderthochwasser« hat sich demzufolge etwa verdreifacht. Solche Wetterentwicklungen stellen in Zukunft keine Überraschung mehr dar und Gemeinden entlang von Elbe, Rhein und Donau sowie deren Nebenflüssen sollten sich darauf einstellen, dass ein »Jahrhunderthochwasser« irgendwann einmal auch binnen weniger Wochen als Doppelereignis eintreten kann. Die Last auf die Deiche und damit entstehende Gefahren mag man sich kaum vorstellen. Aus den Klimaprojektionen ist nach Angaben des Deutschen Wetterdienstes bis zum Ende des Jahrhunderts mit einer weiteren Zunahme solcher Großwetterlagen um 15 bis 20 Prozent zu rechnen.

In den Ergebnissen der Klimamodellrechnungen ist aber auch zu sehen, dass sich die Gesamtsummen der sommerlichen Niederschläge in Deutschland kaum ändern. Wenn es aber bei den Sommerniederschlägen mit einer größeren Wahrscheinlichkeit zu Starkregenereignissen kommt, dann muss es folglich gleichzeitig auch längere Trocken- oder sogar Dürrephasen geben. Diese parallele Entwicklung gilt als relativ gut abgesichert. Rückversicherer wie die MunichRe gehen in ihren Planungen von einer mehr als 99-prozentigen Eintrittswahrscheinlichkeit aus.

Sommerliche Starkregenereignisse stehen häufig in Verbindung mit Gewittern, und auch hier zeigt sich ein Trend hin zu häufigeren Gewitterlagen. Da Tornados wiederum selten ohne Gewitter entstehen, stellt sich die Frage, ob die Zahl der Tornados ebenfalls zugenommen hat oder zunehmen wird. Diese Frage ist deutlich weniger gesichert zu beantworten. Unter www.tornadoliste.de fasst der Meteorologe Thomas Sävert die Dokumentationen solcher Ereignisse in akribischer Detailarbeit zusammen. Daran ist zu sehen, dass die mittlere Zahl der Tornados im Jahr (gesicherte Fälle plus 50 Prozent Verdachtsfälle) von 8,6 in den Jahren 1901 bis 1996 auf 122,9 im Mittel der Jahre 2003 bis 2012 gestiegen ist. Das klingt im ersten Moment nach einer dramatischen Zunahme.

Zwei Faktoren machen Aussagen zur Entwicklung der Tornados aber schwierig und nehmen diesen Zahlen ihre Aussagekraft: Zum einen gibt es Organisationen wie Skywarn, deren wachsende Zahl an Mitgliedern (2004: 61; 2013: 244) in der Nähe von Gewittern gezielt nach Tornados sucht. Die Fallzahlen sind so zwar zunehmend gesicherter, es werden jedoch auch deutlich mehr Fälle registriert, als es durch die Zufallsbeobachtungen von Betroffenen in der Vergangenheit möglich war. Zum anderen sind wir heute fast alle mit mobilen Endgeräten ausgestattet, wodurch vor allem kleinere Tornadoereignisse häufiger dokumentiert werden. Zwischen 1996 und 2012 ist nach Angaben der Bundesnetzagentur die Zahl der mobilen Endgeräte von 5,55 Millionen auf 110,3 Millionen gestiegen. Dieser Anstieg verläuft annähernd parallel zu dem der beobachteten Tornados in Deutschland. Es ist davon auszugehen, dass es die vielen kleinen Tornadoereignisse früher auch schon gab, diese aber einfach nicht registriert wurden. Der Anstieg der Beobachtungen hat also nicht zwingend etwas mit der tatsächlichen Fallzahl zu tun. Eine ähnliche Entwicklung war mit gleichen Faktoren vor einigen Jahren auch in den USA zu beobachten. Seitdem steigen die Fallzahlen wieder deutlich langsamer an. In Deutschland muss heute mit etwa 100 bis 200 Tornados im Jahr gerechnet werden. Eine Bereinigung der Fallzahlen um die Effekte der besseren Beobachtung ist kaum möglich.

Fakt ist also: Wir haben heute keine gesicherten Aussagen über eine mögliche Zunahme von Tornados in Deutschland. Bei gleicher Beobachtungsstruktur sind gesicherte Aussagen wohl erst in etwa 20 Jahren möglich. Aus Klimamodellen ist diese Information heute nicht ablesbar, da sowohl die räumliche als auch die zeitliche Auflösung der Klimamodelle – auch der regionalen Klimamodelle – nicht ausreichen, um einzelne Gewitter oder gar Tornados abzubilden (siehe auch das Kapitel »Komplexe Klimamodelle«). Egal, welches extreme Wetterereignis einen persönlich im Leben einmal trifft, es bleibt uns meistens lange in Erinnerung. Auch wenn man anhand dieses einen extremen Ereignisses den Klimawandel weder beweisen noch widerlegen kann, so ist es doch wichtig zu wissen, wie es einzuordnen ist.

Brutstädte – warum es in unseren Metropolen immer heißer wird

»Und jetzt ein Eis.« Diesen Wunsch könnten wir im Sommer zukünftig häufiger haben. So wie 2003: Europa erlebte den bisher heißesten Sommer seit Beginn der meteorologischen Aufzeichnungen. Viele Urlauber genossen das Wetter an den Küsten, vor allem Kinder konnten der Sommerhitze durchaus etwas abgewinnen und die Eisdielen machten das Geschäft ihres Lebens. Im ländlichen Raum kühlte die Luft nachts meist noch auf erträgliche Temperaturen ab. Doch je dichter man den Zentren der großen Städte und Ballungsräume kam, umso unerträglicher wurde die Hitze. Besonders Frankreich litt wochenlang unter Tagestemperaturen zwischen 30 und 35 Grad, in Paris wurden bisweilen 40 Grad gemessen.

Besonders nachts wird es bei solchen Temperaturen für die Menschen in den Metropolen unangenehm. Denn dann geben die Beton- und Steinmassen der Gebäude die am Tag aufgenommene Wärme wieder an ihre Umgebung ab – nicht nur nach außen, sondern auch nach innen, so dass es in den Wohnungen Nacht für Nacht wärmer wird. Die Außentemperaturen sanken teilweise nicht mehr unter 20 Grad und damit den Wert, ab dem wir von einer Tropennacht sprechen. Im August 2003 lagen die tiefsten Nachtwerte in Paris teilweise sogar bei über 25 Grad. In solchen Nächten betragen die Temperaturen in Schlafzimmern 25 bis 30 Grad. Die körperliche Belastung ist bei diesen Werten enorm, an gesunden Schlaf ist nicht mehr zu denken. Vor allem für ältere Menschen können derartige Hitzewellen zur lebensgefährlichen Bedrohung werden.

Das zeigte auch die Hitzewelle 2003 in Paris, wo sich bei Tagestemperaturen von bis zu 40 Grad die Sterblichkeitsrate versiebenfachte. Durchschnittlich sterben in Paris täglich etwa 40 bis 50 Menschen. Am ersten Tag mit einer Tagestemperatur von 35 Grad, dem 15. Juli 2003, waren es 70 Personen. In der Zeit vom 2. bis 12. August erreichte die Hitzewelle dann ihren Höhenpunkt. Am 11. August, dem neunten Tag in Folge mit Tageswerten über 35 Grad, starben binnen 24 Stunden 324 Menschen, davon etwa 290 an den unmittelbaren Folgen der Hitze.

Vor allem ältere Menschen werden durch die hohen Temperaturen stark geschwächt. Im Hochsommer sind neben den Außentemperaturen vor allem die Temperaturen in den Wohnungen ein großes Problem. Im Oberrheingraben etwa weisen circa 15 Prozent der Nächte zwischen Mai und September bereits in durchschnittlichen Jahren eine Innenraumtemperatur von über 25 Grad auf. Nach Angaben des Deutschen Wetterdienstes soll dieser Wert bis 2050 auf 35 Prozent steigen. Dieser Umstand hat den Deutschen Wetterdienst dazu veranlasst, seit dem Sommer 2013 auch Hitzewarnungen für Innenräume herauszugeben.

Ballungsräume müssen in Folge des Klimawandels in Zukunft mit einer Zunahme an Hitzewellen rechnen. Diese Veränderung ist bereits messbar: Wien erlebte nach Auswertungen des Österreichischen Wetterdienstes im Zeitraum von 1961 bis 1990 durchschnittlich 9,6 Hitzetage (30 Grad und mehr) pro Jahr, im Zeitraum von 1981 bis 2010 waren es bereits 15,2 Tage. Dabei sind die großen Städte nicht nur Opfer des Klimawandels. Sie tragen selber ganz erheblich zum globalen Temperaturanstieg bei. Das Zentrum für Atmosphärenforschung und das Scripps-Forschungszentrum in Kalifornien sind in einer Studie zu dem Ergebnis gekommen, dass die Wärmeschleppe großer Städte teilweise sogar noch 1 000 Kilometer entfernt nachgewiesen werden kann. Ländliche Stationen im Umkreis einer Stadt können Temperaturerhöhungen beobachten, wenn der Wind aus Richtung der Stadt weht. Dieser Effekt fällt umso größer aus, je dichter die Station an einer Stadt liegt, je größer die Stadt ist und je gleichmäßiger der Wind weht. Bei starken Winden wird die von Städten produzierte Abwärme sehr schnell vermischt und in höhere Luftschichten abgeführt, dann fällt der Effekt geringer aus. Ebenso reicht die Wirkung an sehr windschwachen Tagen weniger weit.

Offen bleibt, wie sich die Bevölkerung der Hitze entziehen kann. Folgt daraus jetzt der massenweise Einbau von Klimaanlagen, dann verbrauchen wir noch mehr Energie als zuvor und treiben den Klimawandel weiter an. Gegen die steigende Abwärme der Gebäude hilft eigentlich nur eine weitblickende Stadtplanung, bei der ausgedehnte Grünflächen die Städte durchziehen. Schatten und Kühle spendende Bäume in den Straßen sind eine ebenso sinnvolle Maßnahme. Durch Schattenwurf und Verdunstungskälte lagen im Sommer 2003 die Tagestemperaturen im grünen Pariser Stadtteil Suresnes an der Seine, nur sechs Kilometer vom Stadtzentrum entfernt, um fast vier Grad unter denen am Fuße des Eiffelturms. Große bebaute Plätze in Innenstädten und gleichzeitig breite sternförmig zulaufende Straßen können an eigentlich windschwachen Hochsommertagen sogar innerstädtische Stürme verursachen. So entsteht über den großen Plätzen der Moskauer Innenstadt Warmluft, die sehr schnell aufsteigt. Diese Luft wird durch nachströmende Luft ersetzt, die ihren Weg vom Stadtrand in die Innenstadt findet. Bisweilen erreichen diese Winde im Sommer sogar die Stärke von Sturmböen. Auch das ist eine Frage der Stadtplanung. Mehr Grünflächen und Bäume in den Zentren verbessern somit nicht nur das Lebensgefühl in den Städten, sondern stellen auch einen sinnvollen Beitrag zum Klimaschutz dar.

Im albanischen Tirana setzt man auf ein neues Konzept. Hier will man zukünftig über einen Luft-Erdwärme-Tauscher Kühlung bringen. Dabei wird die warme Stadtluft aufgesaugt, durch Rohre in einige Meter Tiefe geführt und dann gekühlt wieder freigesetzt. Zudem wurde ein neuer Belag für Wege und Straßen erfolgreich getestet: Die im Winter dunkle Oberfläche verändert bei Wärme ihre Farbe über gelb zu weiß. Denn helle Flächen reflektieren einen Großteil der Einstrahlung, während dunkle Flächen die Einstrahlung stärker in Wärme umsetzen. Dächer werden dort aus diesem Grund schon heute weiß gestrichen, um die Hitzelast im Sommer zu reduzieren.

Es entstehen also gerade eine ganze Reihe innovativer Ideen. Sie umzusetzen wird sich lohnen, denn das Signal in den Klimaprojektionen ist eindeutig: Hitzesommer wie 2003 werden in der zweiten Hälfte des Jahrhunderts eher der Normalfall denn die Ausnahme sein. Das mag gut für das Eisgeschäft sein, für unsere Gesundheit ist es das sicher nicht.

Hurrikane – müssen wir damit künftig auch in Deutschland und Europa rechnen?

Dienstag, 6. September 1966, Färöer-Inseln. Ein Sturm fegt über die Inseln hinweg. Die Wetterstationen messen Windböen mit einer Geschwindigkeit von 160 km/h. Stürme dieser Stärke sind auf der Inselgruppe im Nordatlantik wahrlich keine Seltenheit, dieser hat allerdings eine beachtliche Geschichte. Es ist ein Orkan, der noch wenige Stunden zuvor als Hurrikan der Kategorie 2 an der Küste Neufundlands vorbeigezogen ist und vom amerikanischen Wetterdienst mit dem Namen »Faith« geführt wird. Es ist ein Sturm, der erstmals die Frage aufwarf, ob Hurrikane eigentlich auch Europa erreichen können. Vor dem Hintergrund des Klimawandels wird die Frage heute anders gestellt: In welchen Regionen Europas muss man in Zukunft mit Hurrikanen respektive Stürmen mit ähnlicher Ausprägung rechnen?

Fakt ist: Es gab bereits Hurrikane in Europa. Etwa »Vince«, der am 8. Oktober 2005 zwischen den Azoren und den Kanarischen Inseln das typische Auge im Zentrum ausbildete, am 9. Oktober mit der Kategorie 1 als Hurrikan geführt wurde und am 11. Oktober im Süden Spaniens das europäische Festland erreichte. In Córdoba fielen dabei binnen sechs Stunden 86 Liter Niederschlag. Zwischen 1851 und 2005 haben etwa sieben Stürme mit tropischen Eigenschaften von Westen und Südwesten her Europa erreicht. Gerade mit den Bildern der Hurrikane »Katrina« von 2005 oder »Sandy« von 2012 vor Augen, könnte der Gedanke an solche gewaltigen Stürme schon beängstigen. Doch ist diese Sorge wirklich begründet?

Bevor wir uns der Antwort nähern, kurz ein paar Worte zur Definition eines Hurrikans. Ein Hurrikan ist ein tropischer Sturm, dessen Zentrum wärmer ist als seine Umgebung. Das unterscheidet ihn von den bei uns heimischen atlantischen Sturmtiefs, bei denen die wärmste Luft meist an der Süd- und Südostflanke des Tiefs zu finden ist. Weiterhin ist ein Hurrikan ein Sturm mit extrem starkem Windfeld, das um das Zentrum herum fast gleichmäßig stark weht. Bei einem atlantischen Sturmtief gibt es starke Unterschiede im Windfeld, oft ist der Wind an der Südwestflanke deutlich stärker als an der Nordflanke. Der dritte Unterschied liegt im Zentrum des Sturms, dem Auge. Im windschwachen Kerngebiet eines Hurrikans sinken die Luftmassen ab und führen zu einer Erwärmung, bei der sich die Wolken auflösen und das markante Auge entstehen lassen. Das Wolkenfeld ist gleichmäßig um das Auge verteilt. Damit dieses Wolkenbild überhaupt entstehen kann, darf in der Höhe kein extrem starker Wind wehen, wie es etwa beim Jetstream, einem sehr starken Höhenwind, der Fall ist. Dieser würde die Bildung des Auges verhindern. Atlantische Sturmtiefs haben aus diesem Grund oft eine markante Wolkenspirale. Ihr Antrieb kommt nicht von der gleichmäßig warmen »Heizplatte« eines großen Meeres, sondern – kurz gesagt – von der Verwirbelung warmer und kalter Luftmassen. Unsere Tiefdruckgebiete in den mittleren Breiten haben nun einmal die »Aufgabe«, Energie von überversorgten in unterversorgte Gebiete zu transportieren – also auf der Nordhalbkugel warme Luft gen Norden und infolgedessen kalte Luft gen Süden zu befördern.

Auch bei den Windgeschwindigkeiten gibt es Unterschiede zwischen Hurrikanen und Stürmen über dem Nordatlantik. Als Sturmtief bezeichnen wir in unseren Breiten Tiefdruckgebiete, die Mittelwinde der Stärke 8 Beaufort (entsprechend 62 km/h) aufweisen. Für einen Hurrikan bedarf es einer mittleren Windgeschwindigkeit von mindestens 118 km/h. Hurrikane sind also stets Orkantiefs und damit schon Ausdruck gewaltiger Windgeschwindigkeiten. Schwächere Stürme mit ansonsten tropischen Eigenschaften bezeichnet man als tropische Stürme. Ein Hurrikan oder tropischer Sturm müsste also auch in Europa die genannten typischen Eigenschaften dieser Wirbelwinde aufweisen. Die Frage ist also vor allem, wo in Europa wären die Bedingungen denkbar, die einen tropischen Sturm ermöglichen?

Ein solcher Tropensturm kann per Definition schwerlich im Winter über Europa hinwegfegen oder gar als Hurrikanschneesturm wie im Hollywoodstreifen »The Day After Tomorrow« über uns herfallen. Das Hurrikanzeitfenster ist durch die Jahreszeiten stark eingeschränkt. Die bisher in Europa beobachteten Hurrikane traten nur im späten Sommer auf. Da in diesem Zeitraum viele Faktoren exakt zusammentreffen müssen, ist die Wahrscheinlichkeit, dass ein Hurrikan in Europa überhaupt auftreten kann, sehr gering. Bei einer Erwärmung der Nordhalbkugel durch den Klimawandel und der damit erfolgenden Erwärmung der Meere im Sommer könnte sich allerdings der Zeitraum für passende Bedingungen ausweiten und die Wahrscheinlichkeit damit ansteigen.

Hurrikane benötigen nämlich eine besondere Umgebung zur Entstehung, dabei ist die Wassertemperatur ganz entscheidend. Wo großflächig 26,5 Grad erreicht werden oder aber der Temperaturunterschied zwischen der Wasserfläche und höheren Luftschichten ausreichend groß ist, kann ein sich selbst verstärkender Prozess einsetzen, der aus kleinen Gewitterzellen mächtige Stürme wachsen lässt. Jedoch passiert das nur, wenn das System möglichst keine Störungen erfährt, wenn die Höhenströmung schwach und die Wasserfläche möglichst groß sind. Damit scheiden einige Regionen in Europa von vornherein aus: Beispielsweise wäre die Ostsee zu klein und deren Küstenform zu unregelmäßig für eine Hurrikanbildung; selbst wenn alle anderen Faktoren stimmen würden, bliebe es bei starken Gewittern. Hurrikane mögen kein Festland. Sobald ein solcher Sturm über Land zieht, verliert er seine Kraft, denn dann fehlen die großen energiespendenden Wasserflächen. Europa hat durch seine Berge, Mittelgebirge und unregelmäßige Küstenform per se viele Störfaktoren für gleichmäßige Windstrukturen, wie sie Hurrikane typischerweise benötigen. Die Entstehung eines Hurrikans ist daher mit an Sicherheit grenzender Wahrscheinlichkeit für das zentrale europäische Festland auszuschließen.

Das gilt aber nicht für ganz Europa! In vier Gebieten Europas sind Hurrikane oder die Bildung tropischer Systeme heute und zukünftig möglich: über dem Mittelmeer, dem Schwarzen Meer, den Seegebieten südwestlich Portugals sowie vor den Küsten Westeuropas.

Hier sind zum einen Medicane zu nennen, tropische Stürme über dem Mittelmeer, die ähnliche Strukturen wie Hurrikane aufweisen. Da im Mittelmeerraum im Spätsommer häufiger schwache Höhenströmungen und höhere Wassertemperaturen aufeinandertreffen können, ist hier die Zunahme von Medicanen in Zukunft wahrscheinlich. Bedingt durch die unregelmäßige Küstenform können sich allerdings auch dann keine derart großen und starken Systeme entwickeln, wie sie an der amerikanischen Ostküste oder im Golf von Mexiko auftreten.

Gleiches gilt für ein zweites Gebiet, das bisher wenig Beachtung findet: das Schwarze Meer. Hier wurde am 27. September 2005 beispielweise ein Sturm beobachtet, in dessen Mitte sich das typische Auge eines Hurrikans entwickelt hatte. Dem Sturm fehlte jedoch die typische starke Ausprägung der »Eyecloud«, jener Wolke, die das Auge bis in große Höhe umrandet. Hier ist eine Zunahme der Wahrscheinlichkeit ähnlicher Stürme zu erwarten, auch weil sich das vergleichsweise kleine Meer im Sommer rascher erwärmt als der Nordatlantik. Lebensdauer und Intensität werden aber stets weit unter den stärksten Hurrikanen in der Karibik bleiben, dafür ist das Meer zu klein und die den Sturm störende Küste zu nah. Sintflutartige Regenfälle und Wind mit Orkanstärke können solche Stürme aber gleichwohl mit sich bringen.

Die dritte Region ist das Seegebiet westlich und südwestlich Portugals. Hier sind tropische Stürme schon heute zu finden, und es ist zu erwarten, dass verstärkt Hurrikane im frühen Entwicklungsstadium von Süden oder Südwesten heranziehen. Üblicherweise entstehen Hurrikane über dem mittleren Atlantik durch kleine Störungen, die vom afrikanischen Kontinent auf den Atlantik hinausgetrieben werden, etwa Reste ehemaliger Tiefausläufer oder ganz schwacher Tiefdruckgebiete. Ziehen diese Störungen sehr langsam, ist die Wassertemperatur

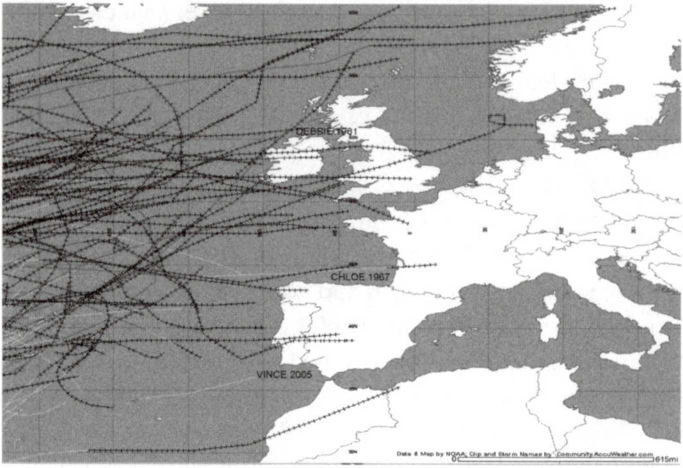

Zugbahn tropischer Stürme von 1851 bis 2005
Quelle: www.csc.noaa.gov/hurricanes/

überdurchschnittlich hoch und kommt eine nach Norden gerichtete Höhenströmung hinzu, dann könnte ein solcher Sturm schon kurz nach seiner Entstehung vor der »europäischen Haustür« nach Norden in Richtung Europa abbiegen, und nicht nach Amerika. In den vergangenen Jahren haben gleich mehrere Stürme diesen Kurswechsel vollführt. Die Azoren und die Kanarischen Inseln könnten auf diese Weise zukünftig häufiger Hurrikane und Tropenstürme erleben. Einige dieser Stürme könnten in einer schwachen, nach Europa gerichteten Höhenströmung sogar die Küsten des westeuropäischen Kontinents erreichen. Hurrikan »Vince« hatte diesen Kurs 2005 bereits eingeschlagen.

Aber es gibt noch ein zweites Szenario, das für Westeuropa von vielleicht noch größerer Bedeutung ist. Schaffen es Hurrikane, die weit von Europa entfernt entstanden und zunächst an der amerikanischen Ostküste entlanggezogen sind, über den weiten Weg des Nordatlantiks bis zu den Britischen Inseln, Frankreich oder gar bis nach Deutschland? Diese Frage wir immer wieder diskutiert und zumindest für Deutschland können wir sie mit einem klaren »Nein« beantworten. Anders sieht es für die Länder in Westeuropa aus. Hurrikane ziehen oft an der Ostküste Nordamerikas nordostwärts und werden von der Westwinddrift eingefangen; über dem mittleren Nordatlantik wandeln sie sich in ein außertropisches Orkantief. Lägen die Wassertemperatur jedoch deutlich höher als heute, dann könnten diese Umwandlungen später als bisher erfolgen und Orkane mit mindestens teilweise tropischen Eigenschaften Europa von Westen her erreichen. Hurrikan »Faith« ist auf diesem Wege vom östlichen Nordatlantik kommend als Orkantief bis nach Norwegen gezogen – schon 1966 hatte es also ein Hurrikan fast bis nach Europa geschafft.

Die Nordatlantische Oszillation – wenn das Azorenhoch auf sich warten lässt

Der Begriff »Nordatlantische Oszillation« klingt zwar etwas sperrig – dennoch kennt sie quasi jeder von uns, zumindest die dafür wichtigen Luftdrucksysteme: das Azorenhoch und das Islandtief. Beide beeinflussen unser Wetter maßgeblich – wir freuen uns jedoch meist mehr über das Azorenhoch, wenn es im Sommer bei uns für stabile Wetterverhältnisse sorgt. Sind das Azorenhoch und das Islandtief stark ausgeprägt, so spricht man von einer positiven Nordatlantischen Oszillation (NAO). Sind beide Drucksysteme hingegen schwach oder ist sogar der Luftdruck über Island höher als über den Azoren, dann handelt es sich um eine negative NAO.

Die NAO schwingt nun episodisch zwischen diesen beiden Zuständen hin und her und wirkt sich stark auf den Luftdruck und die Temperaturen und damit auf das gesamte Wettergeschehen in Europa aus. Somit besteht ein wichtiger Gegenstand der aktuellen Klimaforschung darin herauszufinden, ob eine Beeinflussung dieser für unser Wetter so maßgeblichen Oszillation durch die gegenwärtige Erwärmung der Atmosphäre stattfindet. Am Beispiel des Eisrückgangs der Arktis (siehe das Kapitel »Kalte Winter und Erderwärmung«) lässt sich ein solcher Zusammenhang stark vermuten. Beeindruckende 30 bis 40 Prozent der mittleren Druckschwankungen im Winter werden hierzulande von der NAO verantwortet. Deshalb blicken wir zunächst auf die Situation im Winter – wenngleich auch im Sommer ein NAO-Einfluss existiert.

Bei positiver NAO erleben wir milde Winter mit viel Wind und Regen, denn dann sind die Westwinde vom Atlantik kräftig. Auch in anderen Regionen treten dann typische Muster auf: Grönland ist eisig kalt, der Mittelmeerraum trockener als im Mittel und die Passatwinde von Nordafrika hinaus auf den Atlantik werden kräftiger. Eine negative NAO zeigt ein vollkommen anderes Bild. Die Weströmung vom Atlantik schwächelt dann und verlagert sich nach Süden, wodurch das Wetter im Mittelmeerraum feuchter wird. Bei uns hingegen bestimmen Hochs über Russland die Witterung und östliche Winde wehen sibirische Kaltluft zu uns – die Winter sind häufig hart. Dafür herrschen in Grönland und der Arktis wiederum ungewöhnlich hohe Temperaturen.

Die Nordatlantische Oszillation wurde schon von skandinavischen Seefahrern auf ihren Reisen nach Grönland registriert und die Dänen bemerkten bald, dass strengen Wintern in Dänemark milde Winter in Grönland gegenüberstehen und umgekehrt. In seinem 1765 erschienenen Buch *History of Greenland* beschrieb David Crantz diese Beobachtungen. Heute weiß man, dass es sich bei der NAO um eine freie Schwingung handelt, bei der eine Vielzahl von Bewegungsprozessen interagiert. Das heißt, die NAO schwingt auf vielen Zeitskalen. Es gibt Jahres- und Monatsschwankungen, teilweise sind sie sogar noch kürzer. Aber auch eine dekadische oder noch langfristigere Variabilität konnte festgestellt werden: So war die NAO in den 1960er Jahren oft negativ, ab den 1980ern dominant positiv und begann kurz vor der Jahrtausendwende wieder zu negativen Werten zu tendieren. Der kalte Winter 2009/2010 brachte dann die extremsten negativen Werte seit 150 Jahren. Interessant ist auch, dass sich die Amplitude der Schwingung seit rund 30 Jahren deutlich verstärkt. Ob dies jedoch auf den globalen Temperaturanstieg zurückzuführen ist oder nicht, ist wissenschaftlich noch nicht klar – es gibt jedoch Studien, die dafür sprechen.

Die NAO ist übrigens keine rein atmosphärische Schwingung. Es werden auch Wechselwirkungen mit dem Atlantik festgestellt und sogar Fernwirkungen des westlichen tropischen Pazifiks oder des Indischen Ozeans auf »unsere« Schwingung konnten ausfindig gemacht werden. Die NAO reicht zudem hinauf bis in die Stratosphäre, die sich oberhalb der Troposphäre befindet. Auch dort gibt es nämlich Zonen starken

Windes, die die Erde umkreisen und mit der NAO in Wechselwirkung stehen. An dieser Stelle wird wieder einmal deutlich, wie komplex die Zusammenhänge im Klimasystem unseres Planeten sind und wie schwer es folglich ist, die Auswirkungen auf Veränderungen im System exakt nach ihren Ursachen aufzuschlüsseln. Aber klar ist: Folgenlos bleiben Veränderungen – unabhängig davon, ob sie natürlichen oder menschlichen Ursprungs sind – eigentlich nie!

Weil die Weströmung bei negativer NAO schwächer ist, wird noch eine andere Wetterlage gefördert: die sogenannte Blockinglage. Die Höhenströmung beult sich im Wechsel stark nach Norden und nach Süden, sie mäandriert also. Das tut sie oft so stark, dass sich ein Hochdruckgebiet aus der sich nach Osten verlagernden Grundströmung herauslösen kann und dann nahezu ortsfest bleibt – im Schnitt für elf Tage, wie Studien zeigen. Vereinfacht: Die Hochs und Tiefs treten tagelang auf der Stelle. Sitzen wir selbst unter dem Hoch, so wird man etwa im Sommer Trockenheit, Hitze und eine hohe Waldbrandgefahr erleben, »parken« die Fronten eines Tiefs genau über unseren Köpfen, so kann es womöglich tagelang regnen mit der Folge erhöhter Hochwassergefahr. Das Wetter gleicht also ein bisschen einem defekten Rasensprenger, der das Wasser immer auf dieselbe Stelle schüttet und so auf der einen Seite für eine große Pfütze sorgt, während auf der anderen Seite kein Tropfen ankommt und der Rasen verdorrt. Auch das Elbhochwasser vom August 2002 und das Hochwasserereignis im Juni 2013 fielen in eine Phase negativer NAO. Hierzu lohnt sich auch ein Blick in das Kapitel »Extremwetter«.

Ebenfalls führt eine negative NAO zu einem extremeren Wettereindruck: Wechselt die Strömung rasch von Süd auf Nord oder umgekehrt, so kommt es zu massiven Temperatursprüngen, die natürlich auch unserem Kreislauf zusetzen können – ein Phänomen, das wir in den letzten Jahren nicht selten erlebt haben. Denken Sie beispielsweise an die Fußballweltmeisterschaft 2006 in Deutschland: Vor der WM war es wechselhaft und kalt, die Spiele selbst waren ein wirkliches Sommermärchen und danach folgte ein äußert trostloser August.

Hier war uns der Wetterablauf mal so richtig gewogen! Manchmal ist er das aber auch nicht, wie man im Mai 2013 sehen konnte: Dieser Mai war zum Beispiel in Hamburg der nasseste seit Beginn der Wetteraufzeichnungen und Ende des Monats fiel in den Mittelgebirgen die Schneefallgrenze auf rund 700 Meter. Anschließend folgte das große Hochwasser an Elbe, Donau und vielen weiteren Flüssen im Land. Demgegenüber stieg das Quecksilber zu Weihnachten 2012 im Süden Deutschlands auf Werte, die an die 20 Grad heranreichten – zu diesem Fest eher unerwünscht. Last but not least prallen bei häufigeren Nord- und Südwetterlagen auch sehr unterschiedliche Luftmassen aufeinander, häufigere Schwergewitter und Hagelschauer im Sommer sind dann die Folge.

Wandernde Wälder – wie der Klimawandel das Artensterben beschleunigt

Wälder wandern mit einer Geschwindigkeit von etwa 100 Metern pro Jahr. Klingt überraschend? Ja, Wälder sind dazu fähig, ihr angestammtes Gebiet zu verlagern. Besser gesagt: Sie waren es. Gehen wir in der Geschichte Mitteleuropas einmal 10 000 Jahre zurück. Die Gletscher der letzten Eiszeit weichen gen Norden zurück. Von Süden kommend setzen sich immer häufiger mildere Jahreszeiten durch. Der optimale Lebensraum für die Eiche verlagert sich langsam weiter nach Norden, während es der Art im Süden Europas zu warm und zu trocken wird. Diese Klimaveränderung hat nach der Eiszeit also sowohl Lebensräume geschaffen, in denen sich viele Baumarten wohlfühlen, als auch in anderen Regionen ihr Überleben schwerer gemacht. Seit der Eiszeit hat sich der optimale Lebensraum für viele Baumarten mit einer mittleren Geschwindigkeit von 100 Metern pro Jahr noch Norden verlagert. Das heißt, Bäume, die am Ende der Eiszeit nur in Südeuropa heimisch waren, sind es heute auch rund 1000 Kilometer weiter nördlich. Daran sieht man, dass sich Lebensräume über Jahrtausende deutlich verändern können.

Die Wanderung von Pflanzenarten erfolgt durch die Verbreitung des Saatgutes. Vollzieht sich eine Klimaveränderung mit einer Geschwindigkeit wie in den letzten 10 000 Jahren, dann kann eine Baumart die Verlagerung ihres optimalen Lebensraumes mit einer Wanderung bewältigen. Sie hat aber auch genügend Zeit, sich an die neuen Bedingungen anzupassen. Der aktuelle Klimawandel führt allerdings dazu, dass sich die optimalen Lebensräume für viele Arten viel schneller verlagern, als es den Arten möglich ist, sich anzupassen oder neue Lebensräume für sich zu erobern. Und anders als früher steht vielen Arten zusätzlich die menschliche Zivilisation im Wege. Unsere Kulturlandschaft verhindert die natürliche Ausbreitung der Wälder nach Norden. Die klimatischen Veränderungen der letzten Jahrzehnte sind so schnell, dass sich viele Baumarten heute mit einer Geschwindigkeit von etwa 3000 Metern pro Jahr nach Norden ausbreiten müssten. Das ist in der freien Natur nicht zu beobachten, viele Pflanzenarten sind zu dieser Verbreitungsgeschwindigkeit nicht in der Lage. Gleichzeitig wird ihr Lebensraum von Süden her durch steigende Temperaturen bedrängt. Die Folge: Der tatsächlich verfügbare Lebensraum wird für viele Arten kleiner und die Aussterberate nimmt erheblich zu.

Ein weiterer Punkt verändert das Leben der Arten. Dachte man früher, dass sich bei einer Klimaerwärmung ganze Lebensgemeinschaften einfach nach Norden oder in höhere Gebirgslagen verschieben, wissen wir heute, dass die meisten Tier- und Pflanzenarten für sich alleine wandern. Da einige Arten schneller wandern oder flexibler auf Änderungen reagieren als andere, entstehen bei einer starken Klimaveränderung binnen Jahrzehnten neu zusammengesetzte Lebensgemeinschaften aus Tieren und Pflanzen. Die Folgen können ganz erheblich sein. So geht die International Union for Conservation of Nature (IUCN) davon aus, dass 39 Prozent aller Lebens-

Aktuelles Verbreitungsgebiet der Karthäuser-Nelke (Abb. 1), nutzbarer Lebensraum im Jahre 2080 (Abb. 2) und realisierbare Verbreitung 2080 (Abb. 3). In Folge des Klimawandels verschiebt sich das bewohnbare Gebiet der Karthäuser-Nelke. Da sich der Wandel so schnell vollzieht, kann diese Teile der neuen Bereiche nicht erreichen, während gleichzeitig Teile des angestammten Lebensraumes für sie unbewohnbar werden.
Quelle: WG Tackenberg, WG Higgins: Will et al.

räume von diesen Veränderungen heute schon so stark betroffen sind, dass ihre ursprüngliche Zusammensetzung bedroht ist. Einige Pflanzen- und Tierarten können den Veränderungen nicht standhalten und sterben aus. So liegt die Aussterberate heute nach Angaben des Senckenberg Museums 100- bis 1000-mal höher, als es ohne Klimawandel zu erwarten wäre. In den tropischen Regenwäldern ist davon auszugehen, dass zahlreiche Tier- und Pflanzenarten durch die Abholzung aussterben, die wir überhaupt noch nicht entdeckt haben.

Wie es einer Art in Deutschland ergehen könnte, zeigt folgendes Beispiel: Reulbach ist ein beschauliches Dorf in der Rhön. Nur wenige Gehminuten entfernt liegt ein 70 Millionen Jahre alter Vulkankegel, der die Landschaft um etwa 100 Meter steil überragt. Überzogen ist er mit einer 30 bis 40 Meter dicken Schicht aus Geröll. Teile des Berghangs sind frei von Wald, lediglich ein paar Flechten und Moose sind zu finden. Im Geröll ist hier ein Gletscher verborgen. Aus den Zwischenräumen strömt auch im Sommer eiskalte Luft talwärts. Wasser, das auf den Berg regnet, dringt leicht ein und gefriert in den Wintermonaten. Auch im Sommer schmilzt der etwa zwei Meter dicke Eisblock nicht vollständig ab. Und obwohl der Berggipfel in nur 800 Metern Höhe liegt, entspricht das bodennahe Klima dem in etwa 2000 Metern Höhe. Es ist der Lebensraum eines kleinen, nur Millimeter großen und flügellosen Käfers, der arktisches Klima benötigt und nur in dieser und ähnlichen Geröllhalden in der Region vorkommt. Die nächsten Verwandten leben in arktischen Regionen. Wissenschaftler haben die sensationelle Entdeckung gemacht, dass die Gene der Käfer große Unterschiede aufweisen. Die Populationen müssen sich vor mindestens 6000 Jahren, vielleicht sogar vor über 10000 Jahren voneinander getrennt haben. Beim Rückzug der eiszeitlichen Gletscher aus Mitteleuropa wurde der kleine Käfer quasi auf einer Eisscholle in der Rhön zurückgelassen und isoliert. Man spricht in solchen Fällen von einer endemischen Art. In Folge des Klimawandels hat diese Art kaum eine Chance zu überleben. In höhere Regionen kann der Käfer nicht ausweichen – es gibt sie nicht. Auch eine Wanderung durch eine ihm feindliche Klimazone in arktische Regionen erscheint für diesen flügellosen Käfer eher ausgeschlossen. Hier könnte also eine Art verlorengehen, die seit 10 000 Jahren einen begrenzten Lebensraum in Deutschland bewohnt. Welche Folgen das haben kann, ist ungewiss.

Wir wissen heute, dass bereits die Entnahme einzelner Lebensformen aus einer Gemeinschaft zum Zusammenbruch ganzer Ökosysteme führen kann. An zwei Beispielen wird das deutlich: In den Korallenriffen sind Schwämme für die Produktion von Nährstoffen verantwortlich. Sie filtern Unmengen an Wasser und liefern dem Riff als »Abfall« konzentrierte Mengen an Nährstoffen, die im freien und nährstoffarmen Ozeanwasser kaum vorkommen – etwa Phosphate. Nur durch diese Energiequelle können die Korallen wachsen, die wiederum Lebensraum unzähliger anderer Tierarten sind. Beobachtet man Riffe, denen die Schwämme von Menschenhand entnommen wurden, so sieht man den Zusammenbruch des gesamten ökologischen Systems binnen weniger Monate.

Das zweite Beispiel zeigt die Komplexität von Lebensgemeinschaften: Paranüsse, die wir in der Weihnachtszeit häufig knacken, kommen nicht von Plantagenbäumen, sondern ausschließlich aus wilden Beständen. Der Grund dafür liegt in einer hoch komplizierten und empfindlichen Symbiose gleich mehrerer Tier- und Pflanzenarten, die bisher auf Plantagen nicht nachgestellt werden kann: Paranüsse sind extrem hart. Es gibt im tropischen Regenwald nur eine Tierart, deren Zähne so scharf sind, dass sie diese Nuss knacken können: das Aguti. Dieser Nager frisst die Kerne nicht nur, er vergräbt auch die meisten Nüsse als Vorrat. Den vergessenen Verstecken entspringt auf diese Weise eine neue Baumgeneration. Außerdem haben nur die Weibchen der Orchideenbiene eine so lange Zunge und einen so schlanken Körper, um in den Blütenkelch zu gelangen und die Blüte zu befruchten. Doch diese Biene ist Einzelgängerin und paart sich nur mit ihren männlichen Artgenossen, wenn diese auf einer speziellen Orchideenart eine Essenz gesammelt haben, die ihnen ein unwiderstehliches Parfum verleiht. Würde auch nur ein Teil dieser Symbiose verschwinden, das gesamte System bräche zusammen. Bedenkt man, dass diese Lebensgemeinschaft wiederum mit anderen Arten in Verbindung steht, ahnt man, wie sensibel das große Ganze ist. Mit einem schnellen Klimawandel ist also unmittelbar der Verlust an Biodiversität oder im schlimmsten Fall der Zusammenbruch ganzer Ökosysteme verbunden.

Aber auch das Einwandern nicht heimischer Arten bringt Veränderungen. So wurde 2013 erstmals die Zickzack-Blattwespe in Berlin und Brandenburg beobachtet. Diese aus Ostasien stammende und vor zwei Jahren erstmals bei Passau beobachtete Wespenart breitet sich nach Einschätzungen des SDEI (Senckenberg Deutsches Entomologisches Institut) rasch nordwärts aus. Ihre Larve frisst (nur) Ulmenblätter und hinterlässt zickzackartige Fressspuren in den Blättern. Ganze Bäume können von den Larven kahl gefressen werden, wodurch die Ulme unter Druck gerät. Unter www.senckenberg.de können naturinteressierte Bürger Fotos einschicken, die helfen, die Ausbreitung dieser Art in Deutschland zu analysieren.

Die Prozesse in Flora und Fauna sind viel zu komplex, um sie auch nur annähernd in Computermodellen simulieren zu können. Wenn man in einem Gebäude einzelne tragende Wände herausnimmt und zusätzliche schwere Schränke hineinbringt, wird man eine ganze Weile vielleicht höchstens ein paar Risse in den Wänden und Decken sehen. Sind die Veränderungen in der Statik jedoch zu groß, so wird das ganze Gebäude, werden also ganze Nahrungsketten und Ökosysteme zusammenbrechen. Die Wälder werden die Letzten sein, die vor dieser Veränderung davonlaufen können.

Ausgedehnte Abholzung – welchen Einfluss haben Teakmöbel und Palmöl auf unser Klima?

»Sie können die Teakmöbel guten Gewissens kaufen. Das ist Plantagenholz.« Mit diesen Worten versuchen viele Verkäufer, Kunden zu beruhigen, die beim Kauf von Tropenholzmöbeln Zweifel andeuten. Doch auch das Etikett »Plantagenholz« ist noch kein Garantieschein. Sieht man mal von den Transportwegen ab, die allein schon zu einem schlechten Gewissen führen dürfen, vermag kaum einer zu kontrollieren, ob die Aussage »Plantagenholz« auch wirklich stimmt. Ob es sich um ein Produkt von einer jahrzehntealten Plantage handelt oder der Baum für eine neue Plantage weichen musste, kann von uns Konsumenten kaum bis gar nicht geprüft werden. Ähnlich ist es beim Palmöl. Große Konzerne wie United Plantation roden Regenwald, um auf den freien Flächen Palmölplantagen anzulegen. Palmöl, das wir heute als billigen Rohstoff kennen und als »pflanzliche Fette« gekennzeichnet in fast jeder Margarine finden, kommt von Flächen, auf denen zuvor Regenwald stand. Dass dafür wertvolle Ressourcen zerstört und Pflanzen- und Tierarten vernichtet werden, ist nur die eine Seite der unmittelbaren Folgen.

Die andere Seite: Das Abholzen der Regenwälder hat erhebliche Auswirkungen auf das Klima der Erde. Im Amazonas sind seit 1988 etwa 380 000 Quadratkilometer Urwald vernichtet worden. Zum Vergleich: Deutschland hat eine Fläche von 357 093 Quadratkilometern. Bereits im Rahmen des vierten IPCC-Sachstandsberichtes von 2007 wurden die Auswirkungen der Abholzung tropischer Regenwälder untersucht. Bei einer Abholzung weiter Teile des brasilianischen Regenwaldes wären demnach die lokalen Auswirkungen des Klimas mit einem mittleren Temperaturanstieg von über 2,5 Grad sehr groß, die globalen Auswirkungen jedoch vergleichsweise gering. Da sich der Regenwald am Amazonas sein eigenes Klima schafft und durch die verdunstete Feuchte und nachfolgende Wolkenbildung selbst mit Regen versorgt, tritt hier bei Abholzung relativ schnell ein Versteppungseffekt ein.

Zu den gleichen Ergebnissen kam die Untersuchung bei Abholzungen indonesischer Regenwaldgebiete. In Indonesien liegen die Gebiete, in denen derzeit die größte Entwaldung der Menschheitsgeschichte stattfindet: Jährlich gehen hier nach Angaben der Borneo Orangutan Survival Foundation bis zu 20000 Quadratkilometer tropischen Regenwaldes durch Abholzung und Brandrodung verloren. Das entspricht in etwa der dreifachen Abholzrate Brasiliens. Nach Angaben des WWF wurden allein auf der 1950 noch fast vollständig mit Regenwald bedeckten und drittgrößten Insel der Welt, Borneo, zwischen 2003 und 2007 jährlich 11500 Quadratkilometer Wald gerodet. Heute ist nicht einmal mehr die Hälfte der Insel von Urwald bedeckt. Nach Prognosen des Umweltprogramms der Vereinten Nationen könnten 2022 nur noch zwei Prozent der ursprünglichen Urwälder vorhanden sein. Berechnungen zum IPCC-Bericht von 2007 zeigen, welchen regionalen Effekt die komplette Abholzung hätte. Würde der von den Vereinten Nationen erwartete Zustand in den ostasiatischen Regenwäldern eintreten, die Temperaturen in der Region würden im Mittel um 0,5 bis 1,5 Grad ansteigen. Ähnlich stellten sich die Auswirkungen bei der Abholzung der tropischen Regenwälder Afrikas dar. Würden diese verschwinden, die regionalen Temperaturen würden um etwa 1,5 bis zwei Grad ansteigen. Diese Effekte sind jedoch nur auf die Region begrenzt, wenn die Veränderungen nur an einem Ort stattfinden. Die globalen Auswirkungen wären also gering.

Finden Abholzungen in den drei großen Urwaldregionen gleichzeitig statt – was ja der Fall ist –, so zeigen die Modellrechnungen jedoch durchaus erhebliche globale Auswirkungen auf das Klima. Die Temperaturanstiege in den drei Regionen fallen noch stärker aus und auch die globale Temperatur steigt als Folge der Rodungen insgesamt deutlich höher an – sogar die

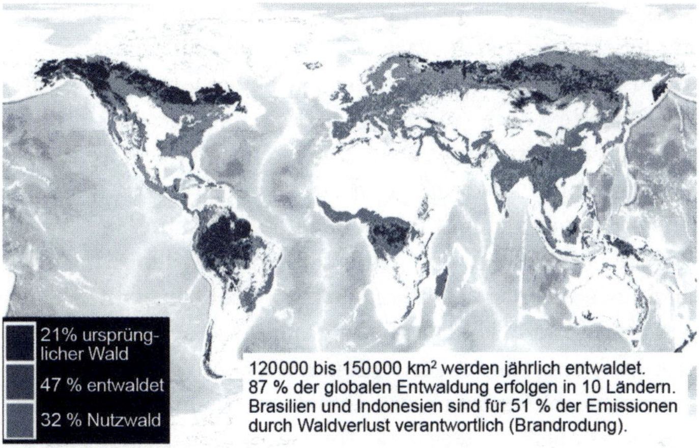

Nicht nur CO_2 und andere Treibhausgase lassen die globale Temperatur steigen, auch die gleichzeitige Entwaldung auf mehreren Kontinenten.
Quelle: WWF

in weit entfernten polaren Regionen um mehr als 2,5 Grad im Mittel. Die Wirkung von vielen Eingriffen ins Klimasystem ist also um ein Vielfaches höher als die Summe aller für sich betrachteter Einzeleingriffe. Ein Chirurg würde seinem Patienten auch stets empfehlen, möglichst nur an wenigen Stellen am Körper gleichzeitig zu operieren. Eine parallele Operation an mehreren auch weit voneinander entfernt liegenden Körperteilen birgt eine viel größere Gefahr, dass der Kreislauf dabei zusammenbricht. Das Risiko eines Zusammenbruchs des menschlichen Organismus steigt zwangsläufig mit der Größe und Anzahl der Eingriffe, die gleichzeitig unternommen werden.

Unser Klima funktioniert da ähnlich. Den Regenwäldern kommt nicht nur eine das weltweite Klima regulierende Funktion zu. Sie produzieren auch gewaltige Mengen an Sauerstoff. Dass der Sauerstoffgehalt unserer Atmosphäre – heute liegt er bei knapp 21 Prozent – keinesfalls durch den Eintrag in Lehrbücher festgeschrieben ist, wird oft vergessen. Vor rund 300 Millionen Jahren lag der Sauerstoffgehalt unserer Luft noch bei 30 Prozent. Die Natur brachte gewaltige Tiere hervor, meterlange Tausendfüßler und Insekten, groß wie Vögel. Damals waren riesige Landmassen mit tropischen Regenwäldern bedeckt und ein feuchtes und sehr warmes Klima ließ die Pflanzen wachsen. Durch die Abholzung sinkt der Sauerstoffgehalt unserer Atmosphäre jedoch langfristig wieder.

70 bis 80 Prozent des Sauerstoffs in unserer Luft werden allerdings vom Plankton in den Ozeanen produziert. So lange die Ozeane intakt sind (siehe das Kapitel »Saure See«), wird uns die Luft zum Atmen nicht ausgehen. Trotzdem: Eine unter anderen von Professor Johan Rockström 2009 in der Zeitschrift *Nature* veröffentlichte Studie zeigt, dass der Mensch dabei ist, den »safe operating space for humanity«, also den sicheren Lebensraum, zu verlassen. Der Verlust an Biodiversität und der Stickstoffkreisläufe durch die Abholzungen in den Tropen stellen dieser Studie nach das größte Überlebensrisiko für den Menschen dar. Helfen können nur internationale Vereinbarungen und staatliche Strukturen, in denen der Schutz des Regenwaldes auch gegen finanzstarke Großkonzerne durchgesetzt wird. Der Teakstuhl auf unserer Terrasse ist längst zu einem Denk- oder auch Mahnmal geworden.

Gletscher auf dem Rückzug – wer wird die Folgen spüren?

»Als wir das letzte Mal hier oben waren, reichte der Gletscher noch bis vorn.« Das ist inzwischen einer der häufigsten Sätze, die man hört, wenn man sich mit einem Bergführer oder Forscher auf den Weg zum Fuße des Gletschers macht. Man ahnt, dass das keine gute Nachricht ist, während das Auge hingegen das entspannte Gefühl der Ruhe vermittelt, in der sich gerade nichts verändert und nichts zur Eile zwingt. In diesem Moment treffen zwei Geschwindigkeitssysteme aufeinander. Unser eigenes und das erdzeitliche. In unserem eigenen Zeitsystem wirkt die Landschaft unveränderlich, ruht der Gletscher am Berg, wie das Dorf unten im Tal. Um zu verstehen, was sich am Gletscherrand vollzieht, müssen wir den Prozess auf unsere Geschwindigkeit bringen. An der Talstation läuft ein Film, der aus einem Bild pro Tag zusammengesetzt ist. Und erst jetzt, als sich der Gletscher wie ein Fluss bewegt und immer weiter zum Gipfel hin zurückzieht, wird klar, wie gewaltig die Veränderungen sind.

Gletscher schmelzen eben so langsam, dass wir Menschen es kaum wahrnehmen können. Und doch bedürfen sie unserer dringenden Aufmerksamkeit. Mit dem Abschmelzen sind viele Folgen verbunden, die nicht auf den ersten Blick sichtbar sind. Doch machen wir uns zunächst ein Bild der Lage. Im Zeitraffer.

Von weltweit 173 zwischen 1970 bis 2004 untersuchten Gletschern haben 144 an Masse und Länge verloren. In der Beobachtungssaison 2009/2010 zogen sich weltweit 81 Prozent der Gletscher weiter zurück. Ein Teil der wachsenden Gletscher gehört zudem zur Gruppe der »surge-type glaciers« – das sind Gletscher, die unabhängig vom Klimawandel periodischen Schwankungen unterworfen sind. Global betrachtet haben die

Gletscher seit 1950 im Mittel 15 Meter an Dicke verloren. Zwischen 1950 und 1990 sind sie im Schnitt jährlich um etwa 30 Zentimeter dünner geworden, seit 1990 ist dieser Wert jedoch auf 100 Zentimeter hochgeschnellt. Das aktuelle, in den letzten 15 Jahren recht stabile globale Temperaturniveau (siehe das Kapitel »Träger Temperaturanstieg«) führt also zu einem beschleunigten Abschmelzen des Inlandeises weltweit. Das ist deshalb so beachtlich, weil man wohl im ersten Moment erwarten würde, dass bei gleichbleibenden Temperaturen auch eine Stabilisierung der Gletscher zu erwarten wäre. Da sich aber der Schmelzprozess beschleunigt, bewegt sich das System Gletscher noch auf einen neuerlichen, dem aktuellen Temperaturniveau angepassten Zustand hin. Offen ist, wie viel Eis übrig ist, wenn dieser stabile Zustand irgendwann erreicht ist. Offen ist auch, nach wie viel Jahren gleichbleibender Temperaturen das der Fall wäre. Bei weiter steigenden Temperaturen ist auch ein weiter steigender Schmelzprozess der Gletscher zu erwarten. Bis zum Ende des Jahrhunderts gehen die Forscherinnen Valentina Radić und Regine Hock von der British Columbia University und der Alaska University in Fairbanks von einem Rückgang der Eismasse auf Land um 21 Prozent aus mit einer Unsicherheit von etwa sechs Prozent. Das allein würde den globalen Meeresspiegel im Mittel um etwa zwölf Zentimeter ansteigen lassen (siehe das Kapitel »Grönland grünt«).

Während die überwiegende Mehrzahl der Gletscher schmitzt, gibt es auch Gletscher, die durch lokale Effekte gewachsen sind. Das ist jedoch die Ausnahme. Eine Region, in der die Gletscher von jeher eine große Bedeutung für die Menschen haben, ist der Alpenraum. 4460 Quadratkilometer der Alpen, so die Schätzungen einer Studie, lagen um 1850 noch unter einem Eispanzer – in den 1970er Jahren waren es 2903, 2012 dann nur noch etwa 2153 Quadratkilometer. Dokumentiert werden diese Daten im alle fünf Jahre erscheinenden World Glacier Monitoring Service (WGMS). Die Datenlage ist erdrückend und bedrückend zugleich. In der Schweiz, Österreich, Italien und Frankreich wurden in den Jahren 1995 bis 2000 insgesamt 284 Gletscher eingehend untersucht. Davon

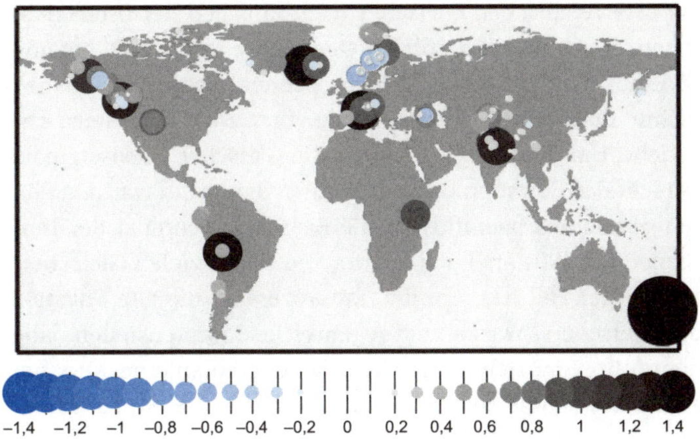

Die Grafik zeigt die effektive Ausdünnung bei Gebirgsgletschern seit 1970 in Metern pro Jahr. 81 Prozent aller Gletscher schmelzen (positiver Zahlenbereich). Quelle: World Glacier Monitoring Service

haben sich 273 zurückgezogen. Dort, wo das Eis zurückgeht, tauchen allerdings bisweilen Reste von Bäumen und Torfe auf, die darauf schließen lassen, dass diese Regionen in der Vergangenheit schon einmal eisfrei und mit Lärchen bewaldet waren. Es hat also in der Erdgeschichte immer wieder Schwankungen bei der Ausbreitung der Gletscher gegeben. Wie ist das einzuordnen?

Folgende Zahlen helfen, die Größenordnungen zu verdeutlichen: Der überwiegende Teil der freigelegten Flächen in den Alpen erlebt diesen Zustand erstmals in den letzten 5000 Jahren. Auch wenn es in diesem Zeitraum Phasen gab, in denen sich einige Gletscher noch weiter zurückgezogen haben – beachtlich sind vor allem die Geschwindigkeit der Schmelze in den letzten Jahrzehnten und die Globalität des Ereignisses.

Ob ein Gletscher schmilzt oder wächst, ist ganz erheblich von zwei Faktoren abhängig. Im Winter ist die Menge des Neuschnees entscheidend, im Sommer sind es die Temperaturen. Schnee, der mehrere Jahre liegen bleibt, verwandelt sich unter dem Druck der darauf fallenden Neuschneemengen in Eis, das dann langsam talwärts fließt. Im Winter 2012/2013 fielen auf die österreichischen Gletscher nach Angaben der österreichischen Zentralanstalt für Meteorologie und Geodynamik (ZAMG) etwa drei bis sechs Meter Schnee, was je nach Schneedichte einer potenziellen Eisdicke von 1,2 bis 1,7 Metern entspricht. Um diese Höhe könnten die Gletscher wachsen, gäbe es nicht den Sommer. Dauer und Ausprägung der warmen Phasen des Jahres beeinflussen die Eisbilanz. Schmilzt der Neuschnee des Winters komplett ab, wie es auf vielen Gletschern aktuell der Fall ist, geht der Tauprozess an die alte Substanz des Gletschers. Warme und regenreiche Sommer stellen dabei das größte Risiko für einen Gletscher dar. Sommergewitter beispielweise schmelzen das Eis nicht nur von oben, sie führen auch große Mengen Wasser auf den Grund der Gletscher, die sich dadurch schneller talwärts bewegen. Allein im extremen Hitzesommer 2003 haben die Alpengletscher durch Regen und Hitze im Vergleich zum Jahr 2000 geschätzte fünf bis zehn Prozent ihres Volumens eingebüßt.

Gerade in den Alpen spielt ein weiterer Faktor eine große Rolle: Saharastaub. Dieser wird mit südlichen Winden über das Mittelmeer hinweg auf die Gletscher getragen. Der dunkle Sand führt auf den Eisflächen zu einer Verringerung der Reflektion, trägt zu einer Erwärmung der Gletscheroberfläche bei und fördert gerade im Sommer den Schmelzprozess.

Die Folgen der schmelzenden Gletscher sind in vielen Regionen der Erde unmittelbar mit der Trinkwasser- und Energieversorgung gekoppelt. Abhängig von Niederschlag und Temperatur ergibt sich eine jährliche Abflussmenge des Schmelzwassers. An vielen Gletschern der Welt fließt seit Jahrzehnten mehr Wasser ab, als durch den Neuschnee des Winters zu erwarten wäre. Die Gletscher verlieren an Masse. Noch profitieren die Speicherkraftwerte und die Trinkwasserversorgung gleichermaßen. Diese Situation wird jedoch kippen, wenn die Gletscher abgeschmolzen sind. Danach bleibt nur die Neuschneemenge des Winters als Wasserquelle übrig.

Zudem steht das Wasser nicht mehr über das ganze Jahr hinweg zur Verfügung. Durch natürliche Schwankungen beim Wetter kann es in besonders kalten Jahren mit langen Frostperioden oder nach besonders schneearmen Wintern in heißen Sommern zur Austrocknung von Flüssen kommen, die bisher ganzjährig Wasser geführt haben. Das hat nicht nur Auswirkungen auf die Lebensräume in den Flüssen selbst, sondern in einigen Regionen der Welt auch ganz erhebliche auf die Trinkwasser- und Energieversorgung.

So bezieht der Norden Indiens einen Großteil des Trinkwassers aus den Gletschern des Himalayas. Da Flüsse wie Ganges, Brahmaputra oder auch der Indus zu 80 Prozent aus den Schmelzwassern des Himalayas gespeist werden, wird auch in trockenen Monaten verhindert, dass die Flüsse versiegen. Fällt dieser wichtige Anteil weg, wären davon nach Einschätzungen der UNEP 350 Millionen Menschen unmittelbar betroffen. Für China ist die Situation kaum anders. Die Trinkwasserversorgung entstammt dort teilweise zu 60 Prozent den Gletschern der Hochgebirge. 50 Prozent des Wassers in den Flüssen Huang Ho, Jangtse und Mekong haben ihren Ursprung in den Gletschern.

Doch neben den Gefahren der Trockenheit und fehlender Wasserversorgung bringen die schmelzenden Gletscher ein Problem mit sich, von dem seltener die Rede ist: Schmelzwasserseen. Gletscher, die talwärts wachsen, schieben Geröll vor sich her. Sobald sich die Gletscher zurückziehen, entstehen daraus Endmoränen, also Aufschüttungen von Gesteinsmaterial. Zwischen ihnen und den Gletscherzungen bilden sich Mulden, in denen sich das Wasser zu Gletscherseen sammelt. In Nepal und Bhutan gibt es nach Angaben der UNEP 3 929 Gletscher mit insgesamt 4997 Gletscherseen. Der überwiegende Teil dieser Seen entstand in den letzten 50 Jahren. Durch das Schmelzen der Gletscher steigen die Pegel dieser Seen an. Der Tsho-Rolpa-See in Nepal hat sein Volumen auf diese Weise seit den 1950er Jahren etwa versechsfacht. Die Endmoränen aus Geröll und Sand können dem Druck dieser stetig wachsenden Wassermassen irgendwann nicht mehr standhalten. Die UNEP geht davon aus, dass in Nepal und Bhutan 44 Seen diesen kritischen Punkt bereits heute erreicht haben. Damit steigt die Gefahr, dass sich Ereignisse wie 1985 wiederholen. Damals brach der

Dig Tsho durch seine natürliche Staumauer, binnen sechs Stunden stürzte der gesamte See in einem Gemisch aus Schlamm, Wasser und Geröll talwärts, riss Brücken, ein Kraftwerk und dutzende Häuser mit sich.

Wir müssen also nach heutigem Stand der Wissenschaft davon ausgehen, dass der Rückgang der Gletscher durch den Klimawandel hervorgerufen wird, sich auf dem aktuellen Temperaturniveau noch immer beschleunigt und dass ein weiterer Temperaturanstieg diese Prozesse in kaum prognostizierbarer Weise weiter vorantreiben wird. Es werden aber in jedem Fall Veränderungen sein, die wir auch ohne Zeitraffer sehen werden und deren Auswirkungen in den betroffenen Regionen eine unmittelbare Gefahr darstellen.

Antarktis – der weiße Fleck auf der Landkarte

Die Antarktis ist nicht nur der Kontinent, den Menschen bei ihrer Ausbreitung um die Erde als Letzten erreichten, sie ist auch die Region, in der die Feldforschung mit extremen Bedingungen zu kämpfen hat. Messstationen und Forschungseinrichtungen, die auf dem Eisschild platziert sind, wandern mit dem sich bewegenden Eis langsam in Richtung Meer und versinken gleichzeitig in meterhohem Neuschnee. Windmesser vereisen und müssen besonders in der endlosen Nacht des antarktischen Winters immer wieder von Eiskrusten befreit werden. Lebensmittel, Medikamente und Ersatzteile müssen mit dem Schiff durch stürmische Ozeanregionen an die Küsten transportiert oder mit Flugzeugen ins Landesinnere geflogen werden. An die Errichtung oder gar den Betrieb eines engmaschigen Messnetzes ist hier nicht zu denken.

Und doch sind Informationen aus dieser Region enorm wichtig für das Verständnis des Klimas und seiner Entwicklung auf dem ganzen Planeten. Das beginnt schon mit der besonderen Lage. Der Untergrund besteht aus einem Festlandsockel und zahlreichen Inseln, darüber liegt eine gewaltige Eismasse. Diese Eisfläche, vollständig umgeben vom Meer und weit weg vom nächsten Kontinent, umgibt eine sehr stabile Zirkulation. Tiefdruckgebiete ziehen immerwährend mit den kreisförmig um die Antarktis angeordneten und stark ausgeprägten Höhenwinden. Im Sommer rücken diese dichter an das Festland heran, im Winter entfernen sie sich in Richtung Norden. Nirgendwo anders auf der Welt sind die Grundstruktur der Atmosphäre so stabil und die Durchmischung im Inneren dieses Kreisverkehrs so gering. Dadurch wurde und wird etwa die Ausbildung des Ozonlochs begünstigt. Veränderungen, die sich in solch einem an sich stabilen System entwickeln, verdienen deshalb unsere besondere Beachtung – denn dann ist es eher wahrscheinlich, dass die Impulse für Änderungen von außen kommen. Gehen wir auf Spurensuche.

Wissenschaftler teilen die antarktischen Eisgebiete in das westantarktische und das ostantarktische Eisschild auf. Schon das Eis der Westantarktis umfasst eine Wassermenge, die der Grönlands vergleichbar ist und die beim kompletten Abschmelzen den Meeresspiegel um sechs bis sieben Meter steigen lassen würde. Da diese Eismasse in großen Teilen auf dem Meeresboden unter der Wasserlinie ruht, gilt dieser Teil der Antarktis als anfälliger für klimatische Veränderungen als das Eisschild der Ostantarktis. Dessen gewaltige Eismasse ruht im Wesentlichen auf dem Festland. Würde das Eis der Antarktis – rein hypothetisch betrachtet – komplett schmelzen, das Wasser in den Weltmeeren stiege um 50 bis 70 Meter an. Aufgrund seines enormen Volumens und seiner extrem niedrigen Temperaturen galt das ostantarktische Eisschild zudem lange Zeit als eher träge und wenig veränderlich. Auch wenn zwar nicht zu erwarten ist, dass das ostantarktische Eisschild abtaut, so zeigt sich durch neue Messmethoden dennoch, wie überraschend dynamisch das Eis in Wahrheit ist und welche Veränderungen sich auch hier aktuell vollziehen.

Satelliten sind in dieser Region zu einem der wichtigsten Instrumente der Beobachtung geworden. Seit 1979 beobachtet ein Satellit die flächenmäßige Ausbreitung des antarktischen Eisschildes. Seit 2002 ist GRACE (Gravity Recovery and Climate Experiment) hinzugekommen. Der US-amerikanische Forschungssatellit misst beim Überflug die Stärke der Anziehungskraft (Gravitation) und kann auf diese Weise Informationen über Veränderungen des Eisvolumens liefern. Diese Informationen sind die Grundlage für viele Bereiche der Forschungsarbeit. Die Ergebnisse der Satellitenbeobachtungen sind allerdings auf den ersten Blick irritierend. Während die Lufttemperaturen seit 1979 im südlichen Ozean rund um die Antarktis herum um etwa 0,75 Grad angestiegen sind, hat sich die Eisfläche der Antarktis um etwa 650 000 Quadratkilometer ausgebreitet. Diese Beobachtungsdaten könnten den Schluss zulassen, dass der Klimawandel an der Antarktis vorbeigeht.

Doch die Flächeninformation allein reicht nicht für eine Beurteilung aus. Ähnlich wie bei der Arktis und bei Aussagen zu Gletschern ist es wichtig, weitere Daten heranzuziehen. In diesem Fall zunächst das Volumen der Eismenge. Lässt man beispielsweise mehrere zunächst übereinanderliegende Regalbretter seitwärts abrutschen, dann nimmt die Fläche zu, ohne dass es Einfluss auf das Volumen hat. Und hier wird es interessant. Dehnt sich die Eisfläche aus, so würde man vermuten, dass das Volumen entweder auch zunimmt oder zumindest gleichbleibt, wie bei den Regalbrettern. Die Messdaten von GRACE zeigen aber etwas anderes. Demnach war das Eisvolumen, vor allem das des Eisschildes der Ostarktis, zwischen 2002 bis 2006 stabil. Seit 2006 ist die Eismasse der Antarktis stark rückläufig. Die vom britischen Forscher Andrew Shepherd 2012 an der University Leeds zusammen mit 47 Wissenschaftlern analysierten Daten von 29 Studien zeigen, dass sich der Masseverlust beschleunigt. Zwischen 1992 und 2011 hat die Antarktis demnach jährlich im Mittel 71 Milliarden Tonnen Eis verloren. Dass dabei auch Gebiete Eis verlieren, die ganzjährig

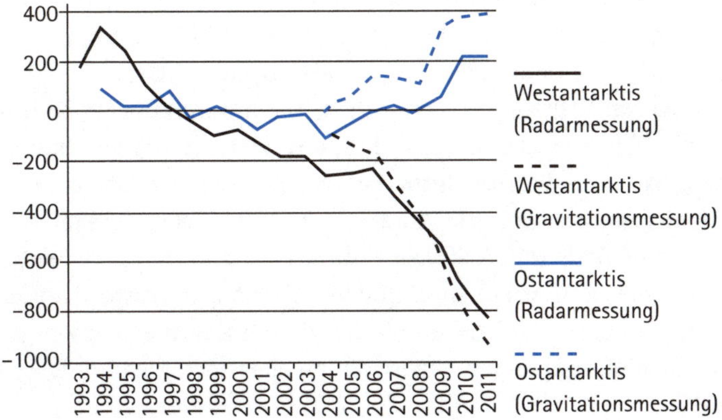

Aufaddierte Veränderung der Eismassen (in Milliarden Tonnen) der Westantarktis und der Ostantarktis. Quelle: Shepherd et al. 2012

starkem Dauerfrost ausgesetzt sind, ist auch für Forscher immer wieder überraschend.

Dieser Prozess hat zu der Erkenntnis geführt, dass das ostantarktische Eisschild viel dynamischer ist, als bisher erwartet. Doch die Suche nach plausiblen Gründen für diese Daten gestaltet sich schwierig. Erwiesen ist, dass der Masseverlust nur durch das Abbrechen von Eisbergen an Gletscher- und Schelfeisrändern erfolgt. Im Landesinneren herrscht eisiger Dauerfrost, es gibt im Gegensatz zu Grönland also keine Schmelzwasserströme und -seen auf dem Eisschild selbst. Ein beschleunigtes Abbrechen von Eisflächen könnte in Teilen auch den Flächenzuwachs erklären, schließlich breiten sich die Eisflächen zum Meer hin zunächst weiter aus, ehe sie sich lösen. Doch den Grund für das beschleunigte Abbrechen von Eisbergen zu finden stellt sich aktuell als eine nicht leicht zu lösende Aufgabe dar. Studien gehen davon aus, dass sich tiefere Wasserschichten erwärmt haben und dadurch die schwimmenden Schelfeise von unten geschwächt und brüchiger werden. Die relativ geringe Anzahl von Temperaturmessungen in tieferen Wasserschichten, zumal im Winter, macht die vorhandenen Daten jedoch nur begrenzt aussagefähig. Die einzige und gleichzeitig einzigartige Messreihe über einen langen Zeitraum (seit 1925!) gibt es aus South Georgia im Südatlantik. Hier wurde für die Wintermonate ein Anstieg der Wassertemperaturen in bis zu 100 Metern Tiefe von 0,9 Grad Celsius gemessen. Im Sommer sind es sogar 2,3 Grad.

Das sind Hinweise, dass sich in der Antarktis Veränderungen vollziehen, die mit dem Klimawandel einhergehen könnten. Weiterer Forschungsbedarf ist hier schon deshalb dringend geboten, weil die Antarktis für den Meeresspiegel von enormer Bedeutung ist. Die Antarktis ist zumindest teilweise also noch immer ein im doppelten Sinne des Wortes weißer Fleck: Unseren Fuß haben wir auf diesen Kontinent schon gesetzt, ganz verstanden haben wir ihn aber noch nicht.

Grönland grünt – doch was passiert, wenn die Eismassen schmelzen?

Am 10. August beginnt in Upernaviarsuk üblicherweise die Erdbeerernte. Stutzen Sie gerade? Was wie ein fernes Zukunftsszenario klingt, ist jedoch bereits heute Realität. Gerade hier im Südwesten Grönlands sind die Sommer in den letzten Jahrzehnten erheblich wärmer geworden. Der Schnee schmilzt früher im Jahr, das Packeis zieht sich eher zurück, die Tagestemperaturen steigen im Sommer häufiger auf über 20 Grad und die Gletscher sind auf dem Rückzug.

Dieser Schmelzvorgang des grönländischen Eisschildes ist mit vielen Fragen verbunden. Wie schnell geht der Schmelzprozess voran? Welche Folgen wird das haben? Eine Zahl wird in diesem Zusammenhang immer wieder genannt: die sieben. Um sieben Meter soll der Meeresspiegel ansteigen, wenn das grönländische Eisschild schmilzt. Man könnte vermuten, dass es für weitere großflächige Schmelzprozesse auf Grönlands Gletschern noch wärmer werden müsste, als es heute schon ist. Doch obgleich die globale Temperatur seit etwa zehn Jahren auf hohem Niveau stagniert (siehe das Kapitel »Träger Temperaturanstieg«), bringen bereits diese Werte den Schmelzprozess immer stärker in Gang. Selbst wenn die globalen Temperaturen nicht weiter steigen sollten, würde der Tauprozess voranschreiten.

Das Schmelzen des Eises vollzieht sich im Sommer und ist im Juli am intensivsten. In den Jahren 1981 bis 2010 waren nach Angaben des National Snow and Ice Data Center (NSIDC) der Georgia University in diesem Monat im Mittel etwa 22 Prozent des grönländischen Eises von Schmelzprozessen betroffen. Im Jahr 2012 lag der Spitzenwert im Juli bei unglaublichen 90 Prozent der Fläche. Auf Satellitenbildern sieht man im

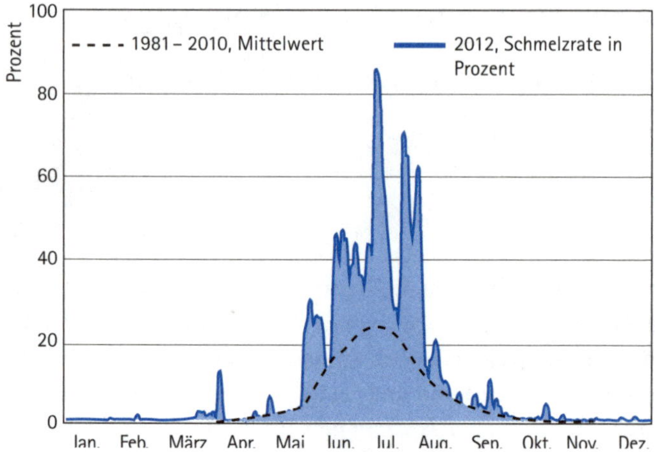

Im Sommer sind im Mittel 20 Prozent Grönlands von Schmelzprozessen betroffen, 2012 waren es an einigen Tagen deutlich über 80 Prozent.
Quelle: www.nsidc.org/greenland-today

Sommer gewaltige Schmelzwasserseen auf dem Eis sowie Flüsse, die an einigen Stellen als über 1 000 Meter hohe Wasserfälle auf den Grund des Eisblocks stürzen. Durch diese enorme Schmelze hat Grönland stark an Masse verloren: Der Masseverlust der Insel wird nach Angaben der Georgia University für die letzten Jahre mit Werten zwischen 100 und 350 Milliarden Tonnen angegeben. Die bisher umfangreichste Studie stammt aus dem Jahr 2012. Andrew Shepherd von der University Leads und 47 Kollegen haben 29 Studien zum Abschmelzen des polaren Eises zusammengefasst. Nach diesen Daten liegt die jährliche Abschmelzrate Grönlands von 1992 bis 2011 im Mittel bei 143 Milliarden Tonnen Eis – was zu einem Meeresspiegelanstieg von rund 0,8 Millimetern geführt hat.

Die riesigen Wassermassen, die von der Gletscheroberfläche in tiefere Schichten stürzen und häufig die Landoberfläche erreichen, schwächen das Eis dabei zusätzlich von unten. Die Eismassen sind weniger mit einem ruhenden Eiswürfel in einer Plastikschale als vielmehr mit einem Eiswürfel auf einem schrägen und rauen Holzbrett vergleichbar. Das Schmelzwasser wirkt nun wie ein Schmierfilm und beschleunigt die

Bewegung der Gletscher in Richtung Meer. Die ins Meer abrutschenden Eismassen stellen einen ganz erheblichen Teil des jährlichen Eisverlustes dar. Dabei vollzieht sich dieser Prozess keineswegs gleichmäßig. Wie bei einem rauen Brett kommt es manchmal auch zu »Verhakungen«, der Prozess stockt vorübergehend und suggeriert uns, er würde nicht weiter voranschreiten – bis es dann abrupt beschleunigt weitergeht. Die Schmelzprozesse sind sehr komplexe und teilweise noch nicht vollständig verstandene Vorgänge. Das Potsdam-Institut für Klimafolgenforschung (PIK) stellt dazu im Juli 2013 fest: »Während die Simulation rasanter Eisverluste von Grönland und der Antarktis immer noch eine große Herausforderung darstellt, sind die Modelle in der Lage, Eisverluste auf langen Zeitskalen gut zu erfassen – hier mitteln sich kurzfristige schnelle Schwankungen heraus.«

Fest steht jedenfalls: Würde der gesamte Eisblock auf Grönland abschmelzen, der Meeresspiegel würde um bis zu sieben Meter ansteigen. Die Aussage ist deshalb etwas vage, weil es Orte geben kann, an denen das gänzlich anders ist. Die sieben Meter beziehen sich auf das mittlere Niveau des Meeresspiegels. Der Grund für diese Unterschiede liegt in den Meeresströmungen sowie in der Anziehungskraft der Erde. Die Anziehungskraft ist beispielsweise am mittelatlantischen Rücken erheblich stärker als an den Küsten Europas und Nordamerikas, so dass Schiffe auf ihrer Reise von einem Kontinent zum anderen einen hundert Meter hohen Wasserberg überwinden. Aufgrund der großen Distanz ist dieser Berg aber weder zu sehen noch während der Fahrt zu spüren.

Die Anziehungskräfte spielen auch eine große Rolle beim Wasserspiegel in unmittelbarer Nähe Grönlands. Würde der gesamte Eisberg auf der Insel abtauen – was nach heutigem Wissensstand mehrere hundert bis wenige tausend Jahre dauern dürfte –, dann würde Grönland, umgangssprachlich ausgedrückt, »leichter«. Zwei Effekte treten dann ein: Zum einen würde sich die eisbefreite Landfläche regional unterschiedlich bis zu 50 Meter anheben. Die grönländische Küste taucht dabei zehn bis 50 Meter aus dem Meer auf. Gleichzeitig nehmen die Anziehungskräfte der verbliebenen eisfreien Landmasse ab und die ozeanischen Wassermassen an den Küsten würden von der Insel weniger stark angezogen. Dieser Effekt führt dazu, dass der Meeresspiegel an den Küsten der Insel selbst um weitere zehn bis 50 Meter sinkt. Beide Effekte zusammen können also dazu führen, dass die Wasserlinie an einigen Stellen der Insel um bis zu hundert Meter absinkt. Die Wirkung dieses Effektes wäre keinesfalls nur ein lokales Ereignis. Noch in Schottland wäre ein um drei Meter niedrigerer Meeresspiegel zu beobachten. Da sich weltweit der Meeresspiegel jedoch im Mittel um sieben Meter anheben würde, bedeutet das zwangsläufig ganz erheblich steigende Wasserstände in anderen Teilen der Welt.

Dass die Erde und auch Grönland schon andere Zeiten erlebt haben, zeigen Proben aus Bohrkernen vom Grunde des grönländischen Eisschildes. Unter dem Eispanzer verbergen sich DNA-Spuren von Insekten ebenso wie von Erlen, Eiben oder auch Kiefern. Irgendwann in den letzten 800 000 Jahren, so fanden Forscher von der Alberta University in Kanada heraus, war Grönland ein grünes Land. Untersuchungen von Eiskernen durch das Alfred-Wegener-Institut (AWI) 2012 zeigen, dass es dort in der Eem-Warmzeit vor rund 120 000 Jahren nicht nur wärmer war, als es in allen aktuell gerechneten Klimaszenarien erwartet wird, sondern auch, dass Grönlands Süden damals so bewaldet war wie das heute Schweden. Damals war nur ein Viertel des Inlandeises abgeschmolzen. Die Forscher am AWI stellten aber auch fest, dass es in der Eem-Warmzeit zu teilweise extrem schnellen Abschmelzprozessen gekommen ist mit großen Schüben binnen weniger Jahrhunderte. Grund für die Warmzeit war damals übrigens die erheblich dichtere Position der Erde zur Sonne. Das Schmelzwasser Grönlands reichte aus, den Meeresspiegel um etwa zwei Meter ansteigen zu lassen. Da der Wasserspiegel damals aber um sieben bis neun Meter höher lag als heute, müssen auch Schmelzprozesse etwa in der Antarktis zu einem erheblichen Teil zum Meeresspiegelanstieg beigetragen haben (siehe das Kapitel »Antarktis«). Einer Studie des PIK aus dem Jahre 2013 zufolge würde der Meeresspiegelanstieg bei einer globalen Erwärmung um vier Grad in den kommenden Jahrhunderten zu 50 Prozent aus dem Schmelzwasser des antarktischen Eisschildes und zu 25 Prozent der Grönlandgletscher bestehen. 20 Prozent würde die Wärmeausdehnung des Meerwassers und weniger als fünf Prozent die schmelzenden Berggletscher beitragen. Heute besteht der wesentliche Teil des Meeresspiegelanstiegs noch aufgrund der Wärmeausdehnung.

Auch in der mittelalterlichen Warmzeit, die in Grönland vom 10. bis zum 14. Jahrhundert dauerte, war der Süden Grönlands wärmer und die Vegetation stärker ausgebildet als heute. An den Südwestküsten Grönlands siedelten Wikinger. Erik der Rote traf nach seiner Flucht aus Island 982 dort ein, die letzten Aufzeichnungen von grönländischen Siedlern stammen aus dem Jahre 1408. Aus dieser Periode stammt auch der Name Grönland (Grünland). Ob die Wikinger allerdings damals schon Erdbeeren angebaut und verspeist haben, ist leider nicht bekannt.

Arktis – eine Region auf dünnem Eis

Um gleich zu Beginn mit einem weit verbreiteten Irrtum aufzuräumen: Wenn das Eis der Arktis schmilzt, dann steigt der Meeresspiegel nicht. Denn das arktische Eis schwimmt. Bekommt man im Restaurant ein Glas Wasser mit Eis serviert und wartet, bis das Eis geschmolzen ist, so läuft das Glas schließlich auch nicht über. Das Eis verdrängt beim Schwimmen genau so viel Wasser, wie es nach dem Auftauen an Platz einnimmt.

Wenn also der Meeresspiegel durch das Schmelzen des schwimmenden Eises nicht unmittelbar steigt, so könnte man zunächst die positiven Effekte dieser Entwicklung im Blick haben: Die Nordostpassage wird für die Schifffahrt als Abkürzung zwischen Europa und Asien nutzbar; die Rohstoffe in der Arktis sind für die Industrie kostengünstiger erreichbar; die Einwohner können sich über längere Fischfangzeiten ebenso freuen wie über höhere Temperaturen und damit über Verbesserungen in der Landwirtschaft und sinkende Heizkosten. Das mag alles richtig sein und zeigt, wie ambivalent bisweilen der Klimawandel ist und warum sich immer Gruppen bilden werden, die das alles gar nicht tragisch finden.

Die Arktis ist aber vor allem eine Region mit einer gewaltigen Wirkung auf das globale Klima. Veränderungen vollziehen sich hier besonders schnell. Seit 1978 wird das Eis der Arktis durch Satellitenmessungen so gut erfasst, dass bei der Berechnung der Eisflächen kaum noch Fehler auftreten. Angaben aus den Jahren davor basieren auf mehr oder weniger lückenhaften Einzelbeobachtungen und sind damit ungleich schwerer zu prüfen. Nun umfasst die Satellitenbeobachtung einen Zeitraum von gerade einmal gut 35 Jahren. Allein in dieser Zeit hat das arktische Eis jedoch dramatische Veränderungen erlebt.

Aber zunächst zu dem, was in der Arktis normal ist. Üblicherweise wächst und schrumpft die Eisfläche im jährlichen Rhythmus um etwa elf Millionen Quadratkilometer. Eine riesige Menge Eis entsteht in den Wintermonaten und schmilzt im Sommer. Daneben gibt es normalerweise große Mengen an meterdickem Eis, das über viele Jahrzehnte nicht geschmolzen ist und in den Kerngebieten der Arktis nördlich von Grönland schwimmt. Üblich ist auch, dass das arktische Eis immer in Bewegung ist. Es bleibt nicht im Polarmeer gefangen, sondern wird von den vorherrschenden Nordwinden über die Framstraße – zwischen Spitzbergen und Grönland – ins Nordmeer getrieben. Auch die gewaltigen Eisberge des mehrjährigen Eises finden irgendwann den Weg durch die Framstraße und tauen ab. Diese Prozesse der Eisentstehung im Winter auf der einen Seite und des Abtransportes und Schmelzens des Eises im Sommer waren bis vor einigen Jahrzehnten noch im Gleichgewicht. Nun ist dieses Gleichgewicht durch den Klimawandel gestört.

Das zeigen diese beeindruckenden Zahlen: Das mittlere Eismaximum zum Winterende im März hat sich in den letzten 35 Jahren von etwa 16,2 Millionen auf 14,5 Millionen Quadratkilometer reduziert. Das mehrjährige, also besonders alte und dicke Eis ist im gleichen Zeitraum um 60 Prozent geschrumpft. In den Sommermonaten ist die Veränderung noch dramatischer: Wa-

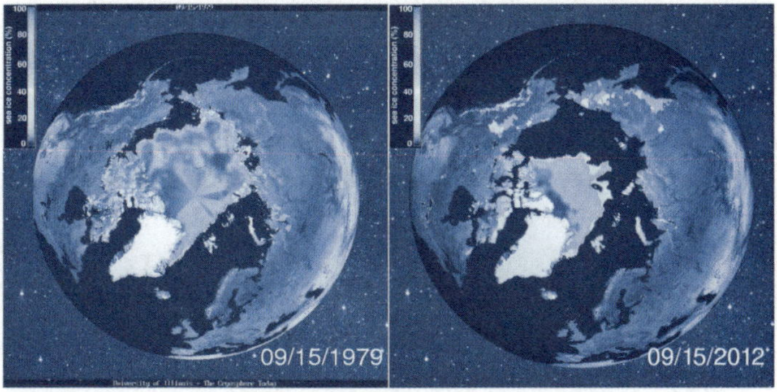

Die Ausbreitung des arktischen Eises im Sommer 1979 und im Sommer 2012 im Vergleich.

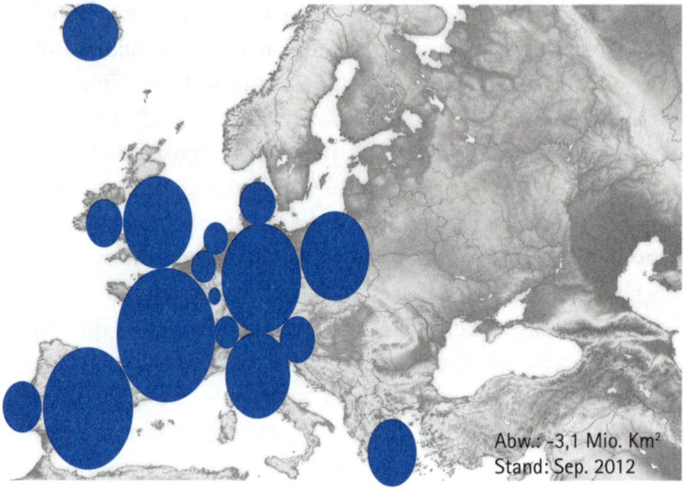

Die Fläche der hier markierten Länder entspricht zusammen der Eisfläche, die im September 2012 in der Arktis fehlte.

ren von 1978 bis 2006 im Mittel noch etwa fünf Millionen Quadratkilometer des Polarmeeres von Eis bedeckt, waren es in den Jahren 2007 bis 2013 im Mittel nur noch drei Millionen, im September 2012 sogar nur 2,2 Millionen. Noch nie wurde eine derart geringe Eisfläche in der Arktis beobachtet. Damit lag die Eisfläche um rund 3,1 Millionen Quadratkilometer unter den normalen Werten. Diese Zahl ist sehr abstrakt, sie wird aber konkreter, wenn wir uns vor Augen führen, dass dies der Fläche folgender Länder in Europa entspricht: Island, Großbritannien, Irland, Dänemark, Deutschland, Niederlande, Belgien, Luxemburg, Frankreich, Polen, Spanien, Portugal, Schweiz, Italien, Österreich und Griechenland. Man stelle sich vor, diese Fläche wäre eines Winters plötzlich von einer Schicht meterdicken Eises bedeckt! Wir würden über nichts anderes mehr reden als über die offenbar auf dramatische Weise begonnene Eiszeit. Da in der Arktis aber kaum Menschen betroffen sind und dort natürlich auch kein Medienkonzern seinen Sitz hat, wird uns von diesen gewaltigen Änderungen nur selten berichtet.

Beängstigend kann dabei die rasante Geschwindigkeit dieser Veränderungen wirken. Die Ursachen dafür, die auch im fünften IPCC-Sachstandsbericht noch einmal dokumentiert sind, liegen in Rückkopplungsprozessen. Die weiße Eisfläche reflektiert normalerweise einen Großteil der Sonnenstrahlung. Man spricht hier von einer hohen »Albedo«. Schmilzt das Eis, dann bilden sich Schmelzwasserseen, das Eis bricht auf und die Sonnenstrahlen treffen auf das dunkle Wasser. Dieses hat eine geringe Albedo, reflektiert die Sonnenstrahlen also deutlich weniger als die weißen Schnee- und Eisflächen. Im Wasser wird der nicht reflektierte Anteil der Sonnenstrahlen in Wärme umgewandelt. Das erwärmte Wasser wiederum gibt die Wärme einerseits an die Luft weiter und lässt andererseits das Eis zusätzlich von unten tauen. So verstärkt sich der Schmelzprozess des Eises weiter, wodurch neue dunkle Wasserflächen noch mehr Wärme produzieren …

Bei einem globalen Anstieg der Temperatur um drei oder vier Grad bis zum Ende des Jahrhunderts müssen einige arktische Regionen daher von einem Anstieg der Jahresmitteltemperatur von zehn bis 14 Grad ausgehen – also mehr als dem Dreifachen. Da die Eisschmelze im Frühjahr immer früher und immer stärker einsetzt, wird auch früher und vermehrt Eis durch die Framstraße aus dem Polargebiet nach Süden abtransportiert. In den Sommermonaten gehen der Arktis auf diesem Wege auch große Mengen des mehrjährigen alten Packeises verloren. Durch die Erwärmung ist der Zeitraum des Eiswachstums in den letzten Jahrzehnten zudem immer kürzer geworden. Eisflächen, die am Ende des Winters weniger als 50 Zentimeter dick sind, werden im Sommer mit an Sicherheit grenzender Wahrscheinlichkeit wieder Opfer des Tauwetters. Diese Tatsache spielt bei der Bewertung des arktischen Eises eine große Rolle: Wächst das Eis im Winter nicht mehr so stark, kann es den folgenden Sommer nicht mehr überstehen. Immer seltener bildet sich so neues mehrjähriges Eis. Sobald die alten Eisblöcke abtransportiert und getaut sind, zeichnet sich also unweigerlich ein neuer Zustand in der Arktis ab: ein Meer, das im Sommer vollständig eisfrei ist.

Dieses Szenario steht uns nach Stand der Wissenschaft noch in diesem Jahrhundert bevor. Und das hätte Auswirkungen auf eine weitere globale Erwärmung, da die Arktis quasi als Verstärker auf den globalen Klimawandel wirkt. Führt der Temperaturanstieg in der Arktis zur Erwärmung der Meere, dann dehnen sich diese aus und der Meeresspiegel steigt. Wird es in der Arktis wärmer, schmelzen auch die umliegenden Gletscher auf dem Festland – nicht zuletzt auf Grönland – deutlich schneller. Ein weiterer Anstieg des Meeresspiegels ist damit unausweichlich. Und dann könnte das am Anfang erwähnte Glas am Ende doch überlaufen.

Einsamer Eisbär – wenn der Boden unter den Füßen wegbricht

Der Eisbär ist wohl das Tier, das am häufigsten als Symbol für den Klimawandel genutzt wird. Besonders beliebt sind einsame Eisbären auf einsamen Eisschollen, und weil dieses Motiv nach jahrelanger (Ab-)Nutzung einer Steigerung bedurfte, schwamm der Eisbär auch schon mal durch ein eisfreies Meer gen Sonnenuntergang. Diese Bilder sorgen beim Betrachter für Emotionen und sollen den Wunsch verstärken, über den Umweg des Klimaschutzes den Eisbären zu retten. Doch wie steht es wirklich um die Bestände der polaren Bären? Kann man doch ab und zu lesen, dass es mehr Eisbären geben soll als früher, was beim Leser im ersten Moment für Entspannung sorgt. Getreu dem Motto: »Der Eisbar lebt wieder, dann brauche ich meine Wohnung ja nicht mehr zu dämmen ...«

Die Beurteilung der Lage des Eisbären ist nicht so einfach, wie man vermuten könnte. Lange Datenreihen über die Entwicklung der Populationen würden helfen, doch vor 1970 wurden Eisbärbestände leider nicht systematisch erfasst. Daten aus der Zeit davor stammen aus einzelnen lokalen Beobachtungen und machen einen Rückschluss auf frühere Bestände im Nachhinein unmöglich. Angaben zu den 1950er und 1960er Jahren – Wikipedia etwa spricht von »5 000 bis 10 000 Tieren« – entbehren wissenschaftlich-systematischen Zählungen und können daher nicht als gesichert gelten.

Die »Polar Bear Specialist Group« der IUCN (International Union for Conservation of Nature and Natural Resources) stellte 1993 erstmals eine Liste der vollständig untersuchten Bestände vor. Dem 2009 vorgelegten Bericht zufolge gibt es dort 19 anerkannte Populationsgebiete, von denen es für sieben Bestände allerdings nicht genügend Daten gibt, um die

Entwicklung der Population sicher abschätzen zu können. Unter den restlichen zwölf Populationen konnte einzig in der Region M'Clintock Channel eine Zunahme der Tiere verzeichnet werden, drei waren im Sachstandsbericht 2009 immerhin stabil (Gulf of Boothia, Northern Beaufort Sea und Southern Hudson Bay) und in acht Regionen wurde ein Rückgang festgestellt. Die vorliegenden Daten lassen darauf schließen, dass zwei Drittel der aktuellen Populationen einen Rückgang der Bestände verzeichnen. Im Jahre 2005 wuchsen noch zwei Bestände und fünf waren stabil. Demzufolge waren damals »nur« 42 Prozent der Populationen in den Beständen rückläufig. Große Unsicherheiten über die Stärke der Populationen gibt es wegen fehlender Zählungen der Tiere vor allem entlang der russischen Küsten sowie in Ostgrönland. Bei einem Vergleich der Daten zeigt sich übrigens, dass die Eisbärbestände vor allem in den Regionen abnehmen, die auch vom Rückgang des Sommereises besonders stark betroffen sind. Das legt die Vermutung nahe, dass auch für die vom Eisrückgang erheblich beeinflussten Regionen an den russischen Küsten abnehmende Eisbärbestände zu erwarten sind.

Im Wesentlichen haben drei Faktoren besonders starke Auswirkungen auf die Bestände: die Jagd, die Energiekonzerne und der Klimawandel. Den größten Einfluss hatte früher die Jagd auf die Tiere, die nicht selten nur als Trophäe herhalten mussten. Mit der Entwicklung moderner und schneller Fortbewegungsmöglichkeiten wie beispielsweise Flugzeug, Eisbrecher oder Schneemobil konnte der Eisbär in seinem Lebensraum schneller erreicht und gejagt werden. Seit 1973 gibt es jedoch ein internationales Abkommen zum Schutz der Eisbären, das die Jagd einschränkte und teilweise ganz verbot – und es zeigte Wirkung. Die beobachteten Bestände konnten sich erholen. 2009 folgte ein erneutes Abkommen zwischen Kanada und Grönland, dass die Bestände weiterhin sichern soll. Heute leben etwa 20 000 bis 25 000 Tiere auf der Nordhalbkugel in freier Wildbahn. Die IUCN führt den Eisbär als gefährdete Tierart auf der Roten Liste und erwartet einen weiteren Rückgang der Bestände.

19 Populationsgebiete mit 20 000 bis 25 000 Tieren

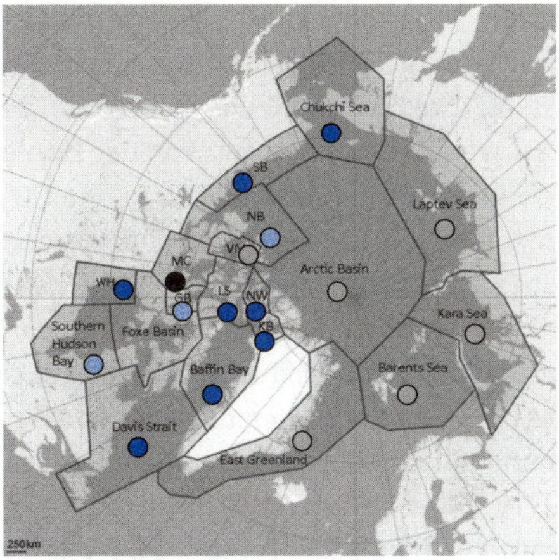

- Zu wenige Daten
- M'Clintock Channel
- Gulf of Boothia
  Northern Beaufort Sea
  Southern Hudson Bay
- Baffin Bay
  Chukchi Sea
  Davis Strait
  Kane Basin
  Lancaster Sound
  Norwegian Bay
  Southern Beaufort Sea
  Western Hudson Bay

Gebiete, in denen die Eisbärenpopulationen abnehmen (dunkelblau), stabil sind (hellblau) oder zunehmen (schwarz)

Dafür werden wohl die zwei anderen genannten Faktoren verantwortlich sein: der unmittelbare Eingriff der Energiekonzerne in den Lebensraum des Eisbären und der globale Klimawandel mit seinen gewaltigen lokalen Auswirkungen auf die Arktis. Durch das Abschmelzen des Permafrostes und den Rückgang des arktischen Eises wird es für Energiekonzerne wirtschaftlich immer attraktiver, Gas und Öl in dieser Region zu fördern. Die unmittelbaren Folgen der Umweltverschmutzung und die Einschränkung des Lebensraumes durch die menschliche Besiedlung bekommen die Eisbären deutlich zu spüren.

Den weitaus größten Einfluss aber hat der Rückzug des arktischen Eises. Wie groß der sein kann, lässt sich anhand einer Population in der westlichen Hudson Bay sehen. Das Eis hat sich in den letzten zehn Jahren im Mittel um vier Wochen früher zurückgezogen als noch im Zeitraum 1979 bis 1999. Die Folgen sind für die hier lebenden Eisbären erheblich: Im offenen Wasser entwickelt sich weniger Krill, die Nahrung für viele Fische. Wandern Krill und Fische mit dem Eis ab, folgen auch die Robben, die wiederum von Fischen leben. Robben aber sind die Hauptnahrungsquelle der Eisbären. Zieht sich das Eis also früher zurück, wird die Hauptnahrungsquelle für die Eisbären nicht mehr erreichbar – die Zeit der Verfügbarkeit von Nahrung im Frühjahr ist um drei bis vier Wochen verkürzt. Die Strecken, die Eisbären schwimmen müssen, um von der Höhle auf dem Festland, wo sie ihre Jungen großziehen, zu den Eisflächen zu gelangen, die die Robbenjagd ermöglichen, werden immer länger. Die Tiere verbrauchen folglich mehr Kalorien als früher. Untersuchungen der Hudson-Bay-Population zeigten, dass das Durchschnittsgewicht der Eisbärinnen bereits von 1980 bis 2004 um rund 21 Prozent zurückgegangen ist und der Bestand zwischen 1987 und 2004 um 22 Prozent abgenommen hat. Dieser Hunger führt offenbar sogar zu Kannibalismus, wie Forscher der US-Wissenschaftsbehörde Geological Survey im Juni 2006 belegten. Ihren Untersuchungen zufolge wurden Eisbärweibchen von männlichen Tieren mit dem Ziel getötet, diese zu fressen. Für eine Population in Alaska wurde nachgewiesen, dass die sinkende Überlebensrate von Jungtieren unmittelbar mit dem Rückzug des Meereseises in Verbindung steht.

Das alles sind Gründe, warum die Art weiterhin zu Recht als »gefährdet« eingestuft wird. Gerade Populationen in südlichen Regionen der Arktis sind nach Einschätzungen der IUCN stark gefährdet. Und da passt das Bild vom schwimmenden Eisbären dann am Ende doch wieder. Auch wenn es ein Klischee bedient.

Saure See – wie unsere Meere langsam zu einer salzigen Limonade werden

Wer sich eine neue Waschmaschine kauft, achtet auf den Verbrauch von Wasser und Strom. Und man bekommt durch die Werbung auch gleich vermittelt, dass Waschmaschinen mit bestimmten Zutaten länger leben. Lästige und die Maschine schädigende Kalkablagerungen sollen so vermieden werden. Diese Zusatzstoffe senken meist den pH-Wert des Wassers, machen es also saurer. Der pH-Wert ist ein Maß für die Wasserstoffionenaktivität, neutrales Wasser hat einen pH-Wert von 7,0. Unterhalb dieses Wertes ist die Flüssigkeit eher sauer. Bier hat beispielsweise einen pH-Wert von etwa 4,7, Wein von 4,0, Zitronensäure von 2,4 und unsere Magensäure kann es mit einem pH-Wert von nur 1,3 schon mit ätzenden Säuren aufnehmen.

Im sauren Wasser lösen sich die Kalkrückstände in unseren Waschmaschinen quasi von alleine auf und bleiben im Wasser gelöst. Diesen Effekt gilt es in den Weltmeeren wiederum eher zu vermeiden, denn hier spielt Kalk eine sehr wichtige Rolle. Unter der Meeresoberfläche ist dieser Stoff lebensnotwendiges Baumaterial für Muscheln, Schnecken, Seeigel, Plankton und Korallen. Nimmt der Säuregrad der Meere zu (sinkt also der pH-Wert), dann ist es wahrscheinlich, dass es für die Lebewesen schwerer wird, beispielsweise Kalkschalen zu bilden.

Unsere Weltmeere sind ein gewaltiger Schwamm, der auch Stoffe wie Kohlendioxid aus der Luft »aufsaugen« und »speichern« kann. Steigt der Anteil von Kohlendioxid in der Atmosphäre, wird ein großer Teil davon von den Ozeanen aufgenommen. Nach Berechnungen der Columbia University konnten die Weltmeere seit Beginn des Industriezeitalters etwa 140 Milliarden Tonnen Kohlendioxid aufnehmen. Von den aktuellen CO_2-Emissionen geht rund ein Viertel in die gewaltigen Wassermassen der Meere über. Viele von uns trinken gerne Sprudelwasser, das darin gelöste CO_2 bezeichnen wir oft als Kohlensäure. Durch die Aufnahme von Kohlendioxid aus der Luft sind unsere Meere langsam auf dem Weg, eine Art salzige Limonade zu werden. Aktuell liegt der pH-Wert des Meereswassers bei etwa 8,06. Eiskernbohrungen der letzten 800 000 Jahre zeigen, dass der pH-Wert in diesem Zeitraum zwischen 8,3 und 8,1 lag, jedoch noch nie so niedrig wie heute. Schnecken, Muscheln, Korallen: Sie alle haben in den letzten Jahrtausenden in keiner so sauren Umgebung gelebt.

Der zahlenmäßige Unterschied mag recht klein klingen, es kommt aber ein weiterer Faktor hinzu: die Geschwindigkeit der Veränderung. Langsame Veränderungen stellen die Lebensformen im Meer selten vor größere Herausforderungen. Auch an saures Wasser können sich Lebensformen und -gemeinschaften anpassen. Man kann aber davon ausgehen, dass es in den letzten 300 Millionen Jahren keine so schnell voranschreitende Versauerung der Ozeane gegeben hat.

Bei derart großen Veränderungen in kurzer Zeit wächst der Selektionsdruck auf die Arten enorm (siehe auch das Kapitel »Wandernde Wälder«). Anpassen oder Aussterben lauten dann die Alternativen, die jedoch für viele Arten kaum frei wählbar sind. Teile der oberen Wasserschichten in den Ozeanen enthalten heute etwa 30 Prozent mehr Säure als zu Beginn der Industrialisierung. Das hat Folgen: Bei einem Anstieg um etwa 60 Prozent ist in verschiedenen Experimenten beispielsweise der Seestern »Ophiothrix fragilis« gestorben. Der Säuregehalt beeinflusst bei diesem fragilen Tier unmittelbar die Entwicklung der Larven, aber auch die Wachstumsprozesse im Skelett.

Forscher am GEOMAR Helmholtz-Zentrum für Ozeanforschung Kiel sind in den letzten Jahren einen wichtigen Schritt beim Verständnis der Prozesse im Meer vorangekommen. Sie konnten zeigen, dass sich einzelne Lebewesen – aus ihrem Umfeld entnommen – anders verhalten und bisweilen sterben, während die gleiche Art im Zusammenspiel des ganzen Ökosystems überlebt. Zumindest für die untersuchten flachen, küstennahen Seegebiete kann man heute davon ausgehen, dass sich komplexe Ökosysteme ganz gut auf ein gewisses Maß an Versauerung einstellen können. So schwankt etwa in Seegraswiesen der pH-Wert abhängig von der Tages- und Nachtzeit so stark, dass den dort lebenden Muscheln ausreichend Zeit für die Schalenbildung bleibt.

Was für flache Meere mit nur langsamen Strömungen zutrifft, muss allerdings nicht für strömungsstarke oder tiefe Seegebiete gelten. Und auch wenn komplexe Ökosysteme eine Versauerung der Meere für eine gewisse Zeit puffern können, so ändern sich dennoch deren Lebensbedingungen. Wenn der pH-Wert im gleichen Tempo weiter sinkt, dann wird dieser Puffer in wenigen Jahrzehnten wahrscheinlich aufgebraucht sein. Der Druck auf die Arten im Meer steigt jedenfalls zwangsläufig und die Bereiche optimaler Lebensbedingungen werden kleiner. Das gilt nicht nur für Schalentiere, sondern auch für Fische. Eine Untersuchung am GEOMAR unter der Leitung von Andrea Frommel zeigte 2011, dass die Larven des Kabeljaus auf höhere CO_2-Konzentrationen mit einer veränderten Wachstumskurve reagierten. Nach dem Schlüpfen wachsen die Larven zunächst, stecken dann aber zwischen dem 25. und 46. Tag üblicherweise ihre Energie in die Entwicklung der inneren Organe. Eine CO_2-Konzentration, wie sie zum Ende des Jahrhunderts in den Meeren erwartet wird, führte bei den Fischen zu einem fortgesetzten Wachstum zu Lasten der Organentwicklung, zu erhöhter Bildung von Fetten und damit in zwölf Prozent der untersuchten Fälle zu Schädigungen an den Organen. Bei noch höheren CO_2-Konzentrationen nahm die Rate der geschädigten Tiere deutlich zu. Die Untersuchung zeigt, dass Kohlensäure einen erheblichen Einfluss hat und Arten in Bedrängnis bringen kann.

An welcher Stelle dann ganze Nahrungsketten in den Ozeanen zusammenbrechen, kann niemand vorhersagen – es aber auf einen Versuch ankommen zu lassen ist weder moralisch vertretbar noch in irgendeiner Weise vernünftig, denn es würde auch uns erheblichen Schaden zufügen. Im Gegensatz zur Waschmaschine, die man im schlimmsten Fall neu kaufen kann, haben wir diese Möglichkeit bei den Weltmeeren nicht.

Saubere Luftfahrt? Der Traum vom Fliegen ohne Kerosin

Die Fliegerei ist nicht nur die schnellste, sondern bezogen auf eine realistische Reisezeit bei interkontinentalen Distanzen auch die einzige Art und Weise, von A nach B zu gelangen. Den Motorflug gibt es zwar erst seit etwas über 100 Jahren, doch er hat sich rasant entwickelt. Vergleichen wir die ersten oft abenteuerlichen Pionierleistungen wie die Erstflüge über den Ärmelkanal, das Mittelmeer oder den Atlantik mit den Möglichkeiten einer heutigen Boeing 747 oder dem Airbus A380, so staunt man nicht schlecht, wie viele Tonnen sich da erfolgreich in die Lüfte erheben.

So technisch beeindruckend, so emotional begeisternd und so zweckmäßig das Fliegen ist, so sehr steht es auch in der Kritik wegen der reichlichen Emissionen von Schadstoffen, allen voran auch hier von Kohlendioxid. Ein einziger Urlaubsflug in die USA, nach Südafrika oder erst recht nach Australien bringt die eigene CO_2-Bilanz vollständig aus dem Lot. Laut Atmosfair – einem Anbieter, bei dem man die Schadstoffemissionen seines Fluges durch eine Zahlung an verschiedene weltweite Klimaschutzprojekte kompensieren kann – führt ein Flug von Frankfurt nach New York und zurück in der Economy Class zu einem Ausstoß von 2900 Kilogramm Kohlendioxid pro Person, ein Flug nach Sydney und zurück wird mit 9430 Kilogramm angegeben. Fliegt man hier erste Klasse, so werden beeindruckende 23500 Kilogramm errechnet. Der Wert, den wir Menschen weltweit für einen klimaverträglichen Umgang mit unserer Atmosphäre nicht überschreiten dürften, liegt bei rund einem Zehntel davon: bei 2300 Kilogramm pro Kopf und Jahr! Andere Anbieter geben für die oben gemachten Beispiele zwar oft deutlich nach unten abweichende Zahlenwerte an, allen ist jedoch gemein, dass nur ein einziger solcher Flug im Jahr sofort den Löwenanteil der eigenen CO_2-Bilanz ausmacht. Zum Vergleich: Auch beim Atmen setzen wir Menschen ordentlich CO_2 frei, denn in unserer ausgeatmeten Luft liegt der Kohlendioxidanteil bei rund vier Prozent. Laut Dr. Matthias Heil vom Max-Planck-Institut für Herz- und Lungenforschung läge unser CO_2-Austoß bei 168 Kilogramm, wenn wir das ganze Jahr ruhen würden; bei ganzjähriger Dauerbelastung wären es 2 040 Kilogramm.

Trotz dieser Zahlen muss festgehalten werden, dass heutige Flugzeuge sehr sparsam mit dem Brennstoff Kerosin umgehen. Pro Passagier verbraucht ein voll besetztes, modernes Verkehrsflugzeug etwa drei bis fünf Liter auf 100 Kilometer und so ist die weltweite Fliegerei derzeit für insgesamt 2,2 Prozent aller Kohlendioxidemissionen verantwortlich. Allerdings findet der Schadstoffausstoß in großer Höhe statt und ist dort klimawirksamer. Laut IPCC muss man die Werte daher noch mit einem Faktor zwischen 1,9 und 4,7 multiplizieren – bei Atmosfair wird mit einem Wert von 2,7 gearbeitet. Wie klimafreundlich man mit Auto, Bus, Flugzeug oder Bahn im Einzelfall ist, hängt zweifellos entscheidend von der jeweiligen Auslastung ab.

Es gilt also, die Fliegerei weder unreflektiert zum Klimabuhmann zu machen noch sie von ihrer Verantwortung freizustellen. So ist es etwa eine spannende Frage, ob – ähnlich wie für Pkw oder Lkw – nicht auch für Flugzeuge alternative Antriebstechniken denkbar sind. Können in Zukunft Elektro-, Solar- oder andere Antriebe die Rolle des Kerosins übernehmen und die Luftfahrt so viel sauberer machen?

Was die neuen Antriebsformen angeht, befinden wir uns in der Pionierzeit. Pionierleistungen sind – wie auch die Motorfliegerei vor 100 Jahren – zwar weit entfernt von einer möglichen Alltagsnutzung, doch damals verlief die weitere Entwicklung rasant. Wieso sollte es da nicht möglich sein, dass uns in ähnlich schneller Zeit etwa ein Elektroairbus über den Atlantik schaukelt? Bevor wir nun aber die Phantasie schweifen lassen, schauen wir uns lieber die aktuelle Situation an.

Vor 100 Jahren, am 23. September 1913, überquerte Roland Garros – heute vor allem bekannt durch das nach ihm benannte

Tennisturnier French Open – erstmals das Mittelmeer von Fréjus in Frankreich nach Bizerte in Tunesien. Zum 100-jährigen Jubiläum ist wieder eine Pionierleistung auf der Strecke Frankreich-Tunesien geplant: ein Mittelmeerüberflug mit einem Elektroflugzeug. Kein Experimentalflugzeug, sondern ein alltagstauglicher, bezahlbarer und für jeden Piloten steuerbarer Flieger. Schafft das Flugzeug mit seinem Piloten diese 1000 Kilometer lange Strecke, ist das sicher ein eindrucksvoller Beweis für die Konkurrenzfähigkeit der Elektrofliegerei – die natürlich auch nur dann schadstoffarm ist, wenn die »Betankung« komplett aus regenerativer Energie erfolgt.

Ein wirkliches Experimentalflugzeug mit beeindruckenden Ausmaßen ist hingegen die »Solar Impulse«, mit der Bertrand Piccard und André Borschberg in ein oder zwei Jahren eine Weltumrundung durchführen wollen. Tag und Nacht (!) wird das Flugzeug in der Luft sein und nur von solarbetriebenen Elektromotoren angetrieben. Eine erfolgreiche Generalprobe wurde vom Vorgängermodell mit einem Transamerikaflug im Mai 2013 bereits bestanden. Das Flugzeug beherbergt 11628 Solarzellen auf 200 Quadratmetern Fläche und hat vier Elektromotoren mit jeweils zehn PS und wiegt trotz einer Spannweite von 63,40 Metern, die der eines Langstreckenairbus A340 entspricht, nur 1600 Kilogramm – ein für Mittelklasseautos typischer Wert. Die Flughöhe liegt bei rund 8500 Metern, und auch wenn seine Reisegeschwindigkeit mit 70 Kilometer pro Stunde nicht gerade dramatisch hoch ist und keine Passagiere befördert werden können, so kann ein solcher Flug allein durch die vielen technischen Entwicklungen bei verschiedensten Details ein Impulsgeber für die Zukunft sein.

Eine weitere Alternative könnte das Fliegen mit Wasserstoff sein. Durch einen Energiewandler – nämlich eine Brennstoffzelle – werden Wasserstoff und Sauerstoff in elektrischen Strom umgewandelt und das Flugzeug so angetrieben. Das einzige Abgas ist dabei Wasserdampf, Kohlendioxid wird von solchen Triebwerken nicht mehr emittiert. Ein weiterer Vorteil ist, dass ein solches Flugzeug wesentlich weniger Treibstoff verbrauchen würde, da Wasserstoff fast dreimal soviel Energie enthält wie die gleiche Masse Kerosin. Auch die Umrüstung der Flugzeugtriebwerke wäre vergleichsweise unproblematisch. Aber auch hier stehen den Vorteilen viele Nachteile gegenüber: Selbst in flüssigem Zustand und damit bei eher frischen –253 Grad Celsius braucht Wasserstoff etwa viermal so viel Platz wie Kerosin – die Nutzlast solcher Fluggeräte würde infolgedessen deutlich sinken. Weil zudem Wasserstofftanks nach heutiger Technik kugel- oder zylinderförmig sein müssen, sind für einen solchen Antrieb ganz neue Flugzeugkonzeptionen erforderlich, da der Treibstoff nicht in den Tragflächen untergebracht werden kann. Erhebliche Veränderungen an der Flugzeugkonstruktion und neue Betankungssysteme an den Flughäfen ziehen immense Entwicklungskosten nach sich, vor denen sich – durchaus verständlich – selbst große Konzerne scheuen. Und zwei Dinge dürfen ebenfalls nicht vergessen werden: Auch Wasserstoff muss erzeugt werden und nur wenn das vollständig durch regenerative Energien geschieht, könnte man von CO_2-freier Fliegerei sprechen. Bei der derzeitigen Produktion mittels Erdgas ist das natürlich nicht der Fall. Und last but not least: Auch das Abgas Wasserdampf ist ein Treibhausgas, das unseren Planeten erwärmt.

Auf der bedeutenden Luftfahrtmesse in Paris Le Bourget kündigten die Konzerne Siemens und EADS im Juni 2013 eine langjährige Forschungspartnerschaft zur Einführung neuer Antriebssysteme an, mit denen – so die Konzerne – die Fluggesellschaften Treibstoffkosten sparen und ihre Ökoeffizienz steigern können. Weil große Konzerne im großen Stil nur Dinge anpacken, von denen sie auch Gewinne erwarten, darf man vorsichtig jubeln und sagen: Ja, da geht noch was.

Unser Verstand – handeln, um die Zukunft möglich zu machen

Aldous Huxley hat einmal gesagt: »Ungelöst wird dieses Problem alle unsere Probleme unlösbar machen.« Gesprochen hat er dabei über das starke Wachstum der Weltbevölkerung »als Grundübel von allem«. Als Huxley 1963 starb, waren wir gerade einmal etwas über drei Milliarden Menschen auf diesem Planeten, heute sind wir – wie in diesem Buch absichtlich schon häufiger erwähnt – über sieben Milliarden.

Für 2025 rechnet die UNO mit 8,2 und 2100 mit knapp elf Milliarden Menschen. Der Norweger Jørgen Randers, der 1972 am Bericht *Die Grenzen des Wachstums* des Club of Rome mitgewirkt hat, erwartet ein geringeres Maximum der Erdbevölkerung, nämlich zirka acht Milliarden Menschen im Jahr 2040. Grund hierfür, so Randers, ist neben mehr Bildung und der Verbreitung von Verhütungsmethoden auch die zunehmende Verstädterung: In Großstädten ein Kind zu bekommen heißt nämlich kurz gesagt, einen Menschen mehr zu füttern und nicht eine Hilfe mehr auf dem Acker.

Es lässt sich übrigens berechnen, dass bisher etwa 110 Milliarden (moderne) Menschen auf unserem Planeten geboren wurden, was bedeutet, dass derzeit rund sechs Prozent der gesamten Menschheit leben. Alle 0,38 Sekunden erblickt ein neuer Mensch das Licht der Welt – um Christi Geburt herum musste man hierauf noch sechs Minuten, vor 12 000 Jahren 60 Stunden warten. So gab es die erste Milliarde Menschen etwa im Jahr 1800 und die zweite um 1930. Nach nur 30 Jahren kam 1960 die dritte Milliarde hinzu, 15 Jahre später waren wir schon vier Milliarden – gleichsam eine Bevölkerungsexplosion.

Um keine Missverständnisse aufkommen zu lassen: Wir sind so viele, wie wir sind. Das ist eine Tatsache. Und jeder hat selbstverständlich ein Anrecht auf ein möglichst gutes, erfülltes Leben. Legen wir aber unsere hiesige Lebensweise zugrunde, dann wäre die Erde mit rund zwei Milliarden Menschen voll. Um die Klimaveränderungen dennoch in akzeptablen Grenzen zu halten, dürfte die Kohlendioxidemission pro Erdenbürger nicht über zwei Tonnen pro Jahr liegen. Wir Deutsche emittieren jedoch rund zehn Tonnen pro Jahr, die Amerikaner sogar 18 – die vielgescholtenen Chinesen sieben und die Inder knapp über eine Tonne.

Weil man an der Bevölkerungszahl kaum etwas verändern kann – die Chinesen haben es mit ihrer Ein-Kind-Politik zunächst zwar recht erfolgreich versucht, stehen nun aber vor einer völlig vergreisenden Gesellschaft –, müssen wir folglich unsere Lebensweise an die existierenden Bedingungen anpassen, sprich verändern. Die Gründe, die uns zum Handeln zwingen, sind eindeutig: die Anzahl der Menschen, die Knappheit der Ressourcen und – vor allem über die Verbrennung fossiler Energieträger – unser Einfluss auf das Klima!

Um eine zweite berühmte Persönlichkeit zu zitieren: Antoine de Saint-Exupéry hat einmal gesagt, »die Zukunft soll man nicht voraussehen wollen, sondern möglich machen«. Dem Zitat folgend kommt es also auf unser Handeln an, um eine geeignete Zukunft zu ermöglichen. Die konkreten Maßnahmen und die Einigung darüber sind das eine, das andere spielt aber eine ebenso große Rolle: die Psychologie.

Zuallererst das Grundsätzliche: Wir sind biologisch darauf programmiert, unseren (kurzfristigen) Vorteil zu suchen. Ein langfristiger Prozess, wie es der Klimawandel ist, bei dem jeder zugunsten eines anderen, der jetzt lebt oder später leben wird, auch mal zurücktreten muss, ist beileibe nicht unser Ding. Zudem sind wir bequem und pflegen unsere liebgewonnenen Gewohnheiten. Veränderungen, bei denen obendrein die Gefahr bestehen könnte, dass sie Verzicht bedeuten, sind per se schlecht zu vermitteln. Auch wenn die Mehrheit der Bevölkerung unseres Landes sich bewusst ist, dass unsere Lebensweise uns mittelfristig an Grenzen führt, und auch wenn die meisten von unserem anthropogenen Einfluss auf das Klima überzeugt sind – befürchtete oder drohende Einschnitte in die Lebensgestaltung können schnell dazu führen, dass man für Argumente offen ist, die unseren Einfluss auf das Klima klein machen oder negieren (siehe auch das Kapitel »Klimaskepsis«). Hinzu kommt, dass viele Menschen glauben, die Folgen der Klimaänderungen seien bei uns ohnehin gering oder sogar positiv – »Schlimm wird es doch nur in weit entfernten Regionen wie Asien, Afrika und dem Amazonasgebiet«, heißt es.

Klima ist gemitteltes Wetter, also Statistik, und für uns somit schwer bis gar nicht wahrnehmbar. Wie soll ich fühlen, dass es in 100 Jahren rund um den Globus um 0,8 Grad wärmer geworden ist und dass das in dieser Zeitspanne viel ist? Das Wetter mit seinen täglichen Schwankungen, mit Regen, Sturm, Schnee, Hitze und Sonne ist hingegen fühlbar und weckt Emotionen und Erinnerungen in uns. Dies ist einer der Gründe, warum wir Wetter, Witterung und Klima sehr häufig verwechseln und manchmal sogar glauben, ein kalter Winter in Deutschland sei ein Widerspruch zur globalen Erwärmung unseres Planeten (siehe die Kapitel »Wetter und Klima« und »Kalte Winter und Erderwärmung«).

Einer der wichtigsten Punkte aber, die uns vom Handeln abhalten, ist sicherlich, dass wir keine Erfolge sehen können. Ob ich mit dem Auto zum Brötchenholen fahre oder nicht, ob ich eine Fernreise mit dem Flugzeug mache oder nicht, ob ich mehr Geld für Ökostrom bezahle oder nicht: Die Welt um mich herum sieht immer gleich aus, egal was ich tue oder lasse. Erst in der Summe vieler entsteht über einen längeren Zeitraum ein Effekt – das ist für unsere alltägliche Wahrnehmung sehr unglücklich. Auch wenn Messungen oder Satellitenbilder – zum Beispiel vom arktischen Eis, das sich in nur 35 Jahren um rund 40 Prozent zurückgezogen hat – uns deutlich zeigen, dass es auf der Erde rasch wärmer wird, so ist dieses Wissen keines, das unseren Alltag bestimmt. Da stehen meist andere Probleme im Mittelpunkt: der Job, das Privatleben, die Bewältigung eines immer hastigeren Tagesablaufs.

Was uns also fehlt, sind die sichtbaren Erfolge unseres Handelns. Das können andernorts Projekte zum Schutz des Meeres oder des Tropenwaldes sein, hierzulande bedeutet es vor allem, die Energieversorgung auf neue Beine zu stellen und so die Emissionen von Treibhausgasen zu reduzieren. Natürlich ist das komplex, eine Energiewende in einem Industrieland wie Deutschland ist auch politisch kein wirklich einfaches Unterfangen. Es gibt nirgendwo auf der Welt ein Beispiel, das zeigt, wie man es richtig macht. Aber für unsere alltägliche Wahrnehmung und für die Akzeptanz eines solchen notwendigen Riesenprojektes in der Bevölkerung braucht es Leuchtturmprojekte, die jeder sehen kann und die im Idealfall andere – auch aus monetären Gründen – nachmachen wollen.

So haben beispielsweise die Bavaria Film Studios in Geiselgasteig im Süden von München, in denen auch das »Wetter im Ersten« produziert wird, 2013 ihre Wärmeversorgung auf Geothermie umgestellt und der Strom wird nun zu 100 Prozent aus Wasserkraft gewonnen. Betrug der CO_2-Ausstoß 2011 noch knapp 7000 Tonnen, so werden für 2013 nur noch 200 Tonnen prognostiziert, ein Rückgang von sage und schreibe 97 Prozent! Die verbleibenden Emissionen werden zudem durch Projekte in anderen Ländern – beispielsweise durch eine Biomasseanlage in Rio de Janeiro – kompensiert. Das erste »Green Studio« der Welt ist somit entstanden, weitere werden folgen, denn Film- und Fernsehschaffende sind für Innovation und Kreativität bekannt.

Wer sich aufmerksam umschaut und umhört, wird von vielen ähnlich erfolgreichen Projekten im Land hören können. Allerdings kommt es bei unserer allgemeinen Berichterstattung in den Medien selten vor, dass Gelungenes gelobt wird. Meist überwiegen kritische Berichte über Vorhaben, die ganz und gar missraten sind. Diese Vorgehensweise verzerrt (leider) das Bild der Wirklichkeit und so wäre es wünschenswert und auch für die Stimmung gegenüber der Energiewende förderlich, wenn in den Medien erfolgreichen Leuchtturmprojekten mehr Raum gegeben würde.

Manchmal hilft es unserer Psyche auch, in die Vergangenheit zu schauen. Immer wieder passieren positive Dinge, die man so nie erwartet hätte. Wer hätte zum Beispiel 1987 erwartet, dass unser Land drei Jahre später wiedervereinigt wird? Außerdem gibt es immer wieder Errungenschaften, die uns ganz neue Wege eröffnen. So sagte man der Stadt New York einmal voraus, dass sie ab 1910 durch die Zunahme des Verkehrs mit Pferdefuhrwerken in meterhohem Pferdemist versinken würde. Doch dann hat jemand das Auto erfunden und prompt war das Mistproblem beseitigt. Dass wir durch ebendieses Auto trotz all seiner Vorteile nun wieder ein »Mistproblem« haben, ist wohl der Kreislauf der Geschichte und drum gilt es, wieder neue Wege zu finden.

Von der Vergangenheit in die Zukunft: Die jüngere Generation wächst mit den Themen Umwelt und Klima ganz anders auf als die ältere, die ihre Denkweise im Einzelfall mehr oder weniger erfolgreich ändern musste. Einer neuen Politikergeneration wird es möglicherweise viel leichter gelingen, zu einem weltweiten Konsens in Bezug auf den Klimawandel zu gelangen. Erstens sind sie für das Thema sensibilisiert und zweitens sind jüngere Menschen selbstverständlich auch viel intensiver von den sich verschärfenden Umweltproblemen betroffen.

Zu guter Letzt – ein Blick über den Tellerrand

Man gebe eine Nährflüssigkeit und ein paar Bakterien in eine Petrischale. Spendet man ein noch wenig Licht und genügend Wärme, so werden sich die Bakterien wunderbar entwickeln – die Bakterienkultur wächst, den unscheinbaren Lebewesen geht es gut. Nach einiger Zeit haben die Bakterien ihre Ressourcen aufgebraucht und gleichzeitig verhindert ein hohes Maß an Stoffwechselprodukten die weitere Ausbreitung: Ein paar Tage später bricht die Bakterienkultur in sich zusammen. Wir Menschen sind von den Bakterien eigentlich gar nicht so weit entfernt: Wir nutzen die Ressourcen unseres Planeten Erde zur Entwicklung der Menschheit. Und offenbar auch das mit Folgen …

Wie wir in diesem Buch dargestellt haben, verändern wir den Planeten und tragen mit an Sicherheit grenzender Wahrscheinlichkeit auch zum Klimawandel bei. 2009/2010 zogen sich weltweit 81 Prozent der Gletscher zurück. Das arktische Eis hatte im September 2012 eine um 3,1 Millionen Quadratkilometer geringere Ausbreitung als im langjährigen Mittel. Die Meere sind mit einem pH-Wert von 8,06 saurer als in den letzten 800 000 Jahren. In Deutschland hat sich die Zahl der Hitzerekorde in den letzten 15 Jahren gegenüber den 15 Jahren davor verdoppelt. Die Antarktis hat zwischen 1992 und 2011 jährlich im Mittel 71 Milliarden Tonnen Eis verloren. Die Wassertemperaturen sind global von 1970 bis 2010 um 0,4 Grad gestiegen.

Diese und viele weitere Fakten zeigen aus unserer Sicht eindeutig, dass es derzeit erhebliche Klimaveränderungen gibt. Dass auch der Mensch daran seinen Anteil hat, haben wir an vielen Stellen aufzeigen und belegen können. Wir haben gezeigt, dass es neben dem CO_2 weitere Faktoren gibt, die eine

Klimaerwärmung forcieren können – etwa die Entwaldung in den tropischen Regionen. Wir haben auch gezeigt, dass Klimamodelle keine exakte Zahl nennen können, um die die Temperatur bis zum Ende des Jahrhunderts steigen wird – auch wenn wir diese konkrete Antwort gerne hätten. Leider tut uns das komplexe Klimasystem nicht den Gefallen, einfache Antworten auf unsere Fragen zu liefern. Kein seriöser Experte oder Wissenschaftler wird heute sagen, wie sich die globale Temperatur in den kommenden Jahren und Jahrzehnten genau entwickeln wird; niemand kann mit Sicherheit behaupten, dass die mittlere Temperatur am Ende des Jahrhunderts beispielsweise auf keinen Fall um mehr als 1,2 Grad höher liegen wird als heute.

Gerade diese Unsicherheiten vermitteln schnell den Eindruck von Unwissenheit. Und in der Tat gibt es Dinge, die wir alle nicht wissen. Vielleicht wird die technologische Entwicklung CO_2-Verbraucher hervorbringen, die das Treibhausgas in der Atmosphäre reduzieren. Vielleicht werden in 30 Jahren völlig neue Wege bei der Energieversorgung gefunden. Wer weiß? Aussagen für die Zukunft sind daher schwer und kaum anders als auf Basis von Szenarien und Modellen möglich. Modelle, die auch ihre Fehler haben und die keinesfalls perfekt sind.

Unsere Beobachtungen und die Ergebnisse der Forschungen lassen es jedoch als höchst ratsam erscheinen, dass wir handeln. Wir sollten dieses unaufgeregt tun, weil kein Grund zur Panik besteht. Und wir sollten vor allem ebendieses Wissen, diese Klimafakten bei unseren zukünftigen Entscheidungen berücksichtigen. Genauso, wie es keine Klimakatastrophe geben wird, werden auch Wirtschaft und Wohlstand nicht zusammenbrechen, wenn wir mit dem Sachverstand aller Beteiligten, mit Bedacht und Umsicht eine Energiewende durchführen. Das macht Hoffnung, dass wir uns am Ende doch deutlich von den Bakterien in der Petrischale unterscheiden. Denn beim Blick über den Tellerrand stellen wir eines mit Sicherheit fest: Da draußen steht uns kein weiterer Planet zur Verfügung – eine Tatsache, die wir allein schon wegen unserer Nachkommen ab und zu beachten sollten.

Literatur

»Erneuerbare Energien 2012«, Daten des Bundesministeriums für Umwelt, Naturschutz und Reaktorsicherheit zur Entwicklung der erneuerbaren Energien in Deutschland im Jahr 2012 auf der Grundlage der Angaben der Arbeitsgruppe Erneuerbare Energien-Statistik (AGEE-Stat)

Global Change and Mountain Regions—A State of Knowledge Overview (eds Huber, U. M., Reasoner, M. A. & Bugmann, H./Springer, 2005)

Mitteilungen DMG 01/2013

»Wachstum beim Seestern Ophiothrix«, http://www.int-res.com/abstracts/meps/v373/p285-294/

»Was Strom wirklich kostet. Vergleich der staatlichen Förderungen und gesamtgesellschaftlichen Kosten von konventionellen und erneuerbaren Energien«, überarbeitete und aktualisierte Auflage August 2012, Studie im Auftrag von Greenpeace Energy eG und dem Bundesverband WindEnergie e.V. (BWE), Kurzfassung erstellt von Swantje Küchler und Bettina Meyer unter Mitarbeit von Sarah Blanck

J. Blüthgen, W. Weischet: *Allgemeine Klimageographie*, Berlin 1980.

Achim Brunnengräber (FU Berlin): »Klimaskeptiker in Deutschland und ihr Kampf gegen die Energiewende«, *IPW Working Paper No. 1/2013*, Department of Political Science Faculty of Social Sciences, University of Vienna

John Cook, Dana Nuccitelli, Sarah A Green, Mark Richardson, Bärbel Winkler, Rob Painting, Robert Way, Peter Jacobs and Andrew Skuce: »Quantifying the consensus on anthropogenic global warming in the scientific literature«, *Environ. Res. Lett. 8* (2013) 024024 (7pp).

Steven B. Feldstein (2007): »The dynamics of the North Atlantic Oscillation during the summer season«, in: *Quarterly Journal of the Royal Meteorological Society* (http://www.meteo.psu.edu/~sbf1/papers/nao-summer.pdf)

Andrea Y. Frommel, GEOMAR, et. al.: «Severe tissue damage in Atlantic cod larvae under increasing ocean acidification«, Nature Climate Change 2, 42–46 (2012), doi:10.1038/nclimate1324

Garrett Hardin: »The Tragedy of the Commons«, in: *Science*, 162/1968, S. 1243-1248, (deutsche Übersetzung in: Michael Lohmann (Hrsg.): *Gefährdete Zukunft*, München 1970, S. 30-48)
Garrett Hardin, John Baden (Hrsg.): »Managing the Commons«, San Francisco 1977
A. Hu, G.A. Meehl, W. Han, J. Yin, 2011: »Effect of the potential melting of the Greenland Ice Sheet on the meridional overturning circulation and global climate in the future«. Deep Sea Res., in press.
IPCC (2007): »Climate Change 2007«, Working Group I: The Science of Climate Change, Table 3.8
R. Jaiser, K. Dethloff, D. Handorf, A. Rinke, J. Cohen (2012): »Impact of sea ice cover changes on the Northern Hemisphere atmospheric winter circulation«, *Tellus Series a-Dynamic Meteorology and Oceanography 64*
G.S. Jones, M. Lockwood, P. A. Stott (2012), »What influence will future solar activity changes over the 21st century have on projected global near surface temperature changes?«, *J. Geophys. Res.*, doi:10.1029/2011JD017013, in press.
Samar Khatiwala, Columbia Universität New York: »Computermodell zur Aufnahme und Transport von Kohlendioxid aus menschlichen Aktivitäten in den einzelnen Meeresregionen von 1765 bis 2008«, in: *Nature*, Band 462, Seite 346
J. T. Kiehl and Kevin E. Trenberth: Earth's Annual Global Mean Energy Budget. National Center for Atmospheric Research, Boulder, Colorado
A. Levermann, P. Clark, B. Marzeion, G. Milne, D. Pollard, V. Radic, A. Robinson,(2013): »The multimillennial sea-level commitment of global warming«, *Proceedings of the National Academy of Sciences* (early online edition) [DOI: 10.1073/pnas.1219414110]
Beate Liepert (2002): »Observed Reductions in Surface Solar Radiation in the United States and Worldwide from 1961 to 1990«, in: *Geophy. Res. Lett. 29/12*, 10.1029/2002GL014910
J.P. Liu, J.A. Curry, H.J. Wang, M.R. Song, R.M. Horton (2012): »Impact of declining Arctic sea ice on winter snowfall«, *Proceedings of the National Academy of Sciences of the United States of America 109 (11)*: 4074-4079
Dehai Luo (2005): »Why is the North Atlantic block more frequent and long-lived during the negative NAO phase?« in: *Geophysical Research Letters*, Volume 32, Issue 20
Susanne Marquart: »Klimawirkung von Kondensstreifen: Untersuchungen mit einem globalen atmosphärischen Zirkulationsmodell«, *Forschungsbericht 2003-16*

Atsumu Ohmura, Knut Makowski, Martin Wild: »Impact of global dimming and brightening on global warming«, received 8 September 2006; revised 6 November 2006; accepted 27 December 2006; published 20 February 2007
V. Petoukhov, V.A. Semenov (2010): »A link between reduced Barents-Kara sea ice and cold winter extremes over northern continents«, *Journal of Geophysical Research-Atmospheres 115*
V. Radić, R. Hock, »Regional and global volumes of glaciers derived from statistical upscaling of glacier inventory data«. *J. Geophys. Res. 115*, F01010 (2010).
Ulf Riebesell: »300 Millionen Jahre Versauerung«, *GEOMAR, 34/New Scientist/16*
Amir Shabbar, Jianping Huang, Kaz Higuch (2001): »The Relationship between the Wintertime North Atlantic Oscillation and Blocking Episodes in the North Atlantic«, in: *International Journal of Climatology*, 21, 355–369 (http://hjp.lzu.edu.cn/publications/pdf/fulltext.pdf)
Andrew Shepherd et al.: *A Reconciled Estimate of Ice-Sheet Mass Balance. In: Science. Band 338*, 2012, S. 1183–1189 BP Statistical Review of World Energy 2013

Websites

http://iopscience.iop.org/1748-9326/8/2/024024/article
http://de.wikipedia.org/wiki/Radiative_Forcing_Index
http://germanwatch.org/de/download/3984.pdf
http://journals.ametsoc.org/doi/pdf/10.1175/1520-0477%281997%29078%3C0197%3AEAGMEB%3E2.0.CO%3B2
www.bfe.admin.ch/themen/00612/02073/index.html?lang=de
www.bmu.de
www.bp.com/sectionbodycopy.do?categoryId=7500&contentId=7068481
www.bpb.de/gesellschaft/migration/dossier-migration/56892/weltbevoelkerungsbericht
www.brauniger.com/tl_files/downloads/e-drive/presseberichte/Erstflug%20Elektra%20One_NASA%20Challenge_d.pdf
www.bundesregierung.de/Content/DE/Artikel/2011/06/2011-06-06-energiewende-kabinett-weitere-informationen.html

www.cgd.ucar.edu/cas/jhurrell/Docs/naobook.ch1.pdf

www.dehst.de/DE/Emissionshandel/Grundlagen/grundlagen_node.html

www.eex.com/de/

www.geolinde.musin.de/aktuell/wetterwechsel/groenland1.htm

www.ipcc.ch/publications_and_data/publications_ipcc_fourth_assessment_report_synthesis_report.htm

www.klima-sucht-schutz.de/mitmachen/beitrag/article/wie-viel-co2-atmet-der-mensch-aus.html

www.metoffice.gov.uk/research/climate/climate-monitoring/land-and-atmosphere

www.pik-potsdam.de/~stefan/leser_antworten

www.prb.org/Articles/2002/HowManyPeopleHaveEverLivedonEarth.aspx

www.sciencemag.org/content/338/6111/1183.abstract

www.siemens.com/press//pool/de/pressemitteilungen/2013/corporate/AXX20130639d.pdf

www.skepticalscience.com/arg_Eisbaeren-globale-Erwaermung.htm

www.skepticalscience.com/docs/Guide_Skepticism_German.pdf

www.solarimpulse.com/de/flugzeug/hb-sia/

www.spiegel.de/wirtschaft/soziales/emissionshandel-reform-gescheitert-interview-matthes-a-894594.html

www.tellusa.net/index.php/tellusa/article/view/11595/html

www.umweltbundesamt-daten-zur-umwelt.de/umweltdaten/public/theme.do?nodeIdent=2345

http://de.wikipedia.org/wiki/Massenbilanz_(Glaziologie)

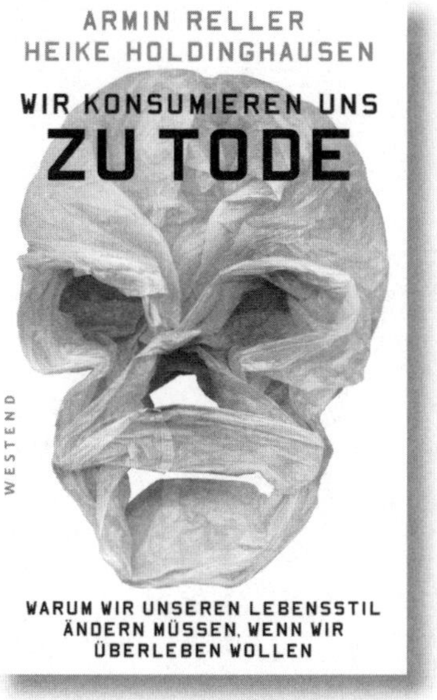

224 Seiten
ISBN 978-3-86489-049-9

Nach uns die Sintflut?

Wir können uns unseren Lebensstil nur auf Kosten anderer leisten. Das ist bekannt. Unbekannt ist hingegen, inwieweit sich schon die Produktion von Alltagsgegenständen wie Handys oder Kugelschreiber unmittelbar auf Kinderarbeit, umkippende Gewässer und Versteppung ganzer Landstriche auswirkt. Die Autoren zeigen die fatalen ökologischen, politischen, sozialen und wirtschaftlichen Folgen unseres Lebensstils.

256 Seiten
ISBN 978-3-86489-041-3

»Ein empfehlenswertes Buch!«
Greenpeace

»Endlich alles in einem kleinen Buch. Mit Erläuterungen, Tipps, mit Ökobilanz. Unideologisch, praktisch, hilfreich, gut.«
Die Welt

Heute schon die Welt gerettet?
Die Welt zu retten kostet nicht viel – meist lässt sich sogar Geld sparen! Andreas Schlumberger zeigt anhand von fünfzig Bereichen, was jeder Einzelne tun kann. Ob im Haushalt, im Garten, auf Reisen oder beim Einkaufen – überall gibt es überraschend einfache Möglichkeiten, den eigenen Alltag umweltverträglicher zu gestalten und das Portemonnaie zu entlasten. Und das ohne großartigen Komfortverzicht und ohne am bisherigen Lebensstil zu rütteln.